SOLUÇÃO DE
CONTROVÉRSIAS NO MERCOSUL

S691   Solução de controvérsias no MERCOSUL / Débora Cristina
Vieira ... [et al.]; org. Horácio Wanderlei Rodrigues. —
Porto Alegre: Livraria do Advogado, 1997.
164 p.; 14x21 cm
ISBN 85-7348-042-4

1. MERCOSUL. I. Vieira, Débora Cristina, colab. II. Rodrigues, Horácio Wanderlei, org.

CDU 339.923(8-13)

Índice para catálogo sistemático
MERCOSUL

(Bibliotecária responsável: Marta Roberto, CRB 10/652)

HORÁCIO WANDERLEI RODRIGUES
Organizador

Solução de Controvérsias no MERCOSUL

Debora Cristina Vieira

Fabiana Marcon

Kátia Radjá C. da Costa

Klaus da Silva Raupp

Orlando C. da Silva Neto

Suzana Soares Melo

Colaboradores

livraria
DO ADVOGADO
editora

Porto Alegre
1997

© Horácio Wanderlei Rodrigues (org.)
Debora Cristina Vieira
Fabiana Marcon
Kátia Radjá C. da Costa
Klaus da Silva Raupp
Orlando C. da Silva Neto
Suzana Soares Melo

Capa, projeto gráfico e diagramação
Livraria do Advogado / Valmor Bortoloti

Revisão
Rosane Marques Borba

Direitos desta edição reservados por
Livraria do Advogado Ltda.
Rua Riachuelo, 1338
90010-273 - Porto Alegre - RS
Fone/fax; (051) 225 3311
E-mail: liv_adv@portoweb.com.br
Internet: http://www.liv-advogado.com.br

Impresso no Brasil / Printed in Brazil

*Dedico este livro aos meus pais,
ADÃO e DIVA RODRIGUES,
ao amor dos quais devo esta vida,
mais uma etapa da minha caminhada
de aprendizado e crescimento.*

Abreviaturas utilizadas

ACE - Acordo de Complementação Econômica
ALADI - Associação Latino-Americana de Integração
ALALC - Associação Latino-Americana de Livre Comércio
CCM - Comissão de Comércio do Mercosul
CEE - Comunidade Econômica Européia
CF - Constituição Federal
CIDIP - Convenção Interamericana sobre Direito Internacional Privado
CMC - Conselho do Mercado Comum
CNPq - Conselho Nacional de Desenvolvimento Científico e Tecnológico
COADEM - Colégios e Ordens de Advogados do Mercosul
CPC - Código de Processo Civil
CPCM - Comissão Parlamentar Conjunta do Mercosul
DAI - Divisão de Atos Internacionais (órgão do MRE)
DCN - Diário do Congresso Nacional
DMC - Divisão do Mercado Comum do Sul (órgão do MRE)
DOU - Diário Oficial da União
DSF - Diário do Senado Federal
DJU - Diário de Justiça da União

FCES - Foro Consultivo Econômico-Social do Mercosul
GETEC - Grupo de Estudos Técnicos (órgão do MRE)
GMC - Grupo Mercado Comum
LICC - Lei de Introdução ao Código Civil
MERCOSUL - Mercado Comum do Sul
MRE - Ministério das Relações Exteriores
OAB - Ordem dos Advogados do Brasil
OEA - Organização dos Estados Americanos
ONU - Organização das Nações Unidas
PICAB - Programa de Integração e Cooperação
  Econômica entre a Argentina e o Brasil
PICE - Programa de Integração e Cooperação
  Econômica
POP - Protocolo de Ouro Preto
RISTF - Regimento Interno do Supremo Tribunal
  Federal
SAM - Secretaria Administrativa do Mercosul
STF - Supremo Tribunal Federal
STJ - Superior Tribunal de Justiça
UE - União Européia

Sumário

Apresentação 11

Tratados e protocolos pertinentes à solução de controvérsias, assinados no âmbito do Mercosul 15

I - Mercosul: alguns conceitos básicos necessários à sua compreensão
Horácio Wanderlei Rodrigues 19

II - Solução de controvérsias entre os Estados-Partes do Mercosul
Klaus da Silva Raupp 39

III - A competência internacional no Brasil e no Mercosul
Fabiana Marcon e Kátia Radjá Cardoso da Costa 61

IV - Considerações sobre cooperação jurisdicional no âmbito do Mercosul
Orlando Celso da Silva Neto e Suzana Soares Melo 81

V - O exercício da advocacia no Mercosul frente à livre circulação de serviços e trabalhadores
Debora Cristina Vieira 113

VI - Mercosul: uma introdução aos protocolos que tratam de matéria processual
Horácio Wanderlei Rodrigues 133

Bibliografia 159

Apresentação

O presente livro é o primeiro fruto de um programa de pesquisa empreendido no âmbito do Núcleo de Estudos Jurídico-Processuais do Mercosul, mantido pelo Departamento de Direito Processual e Prática Forense, do Centro de Ciências Jurídicas da Universidade Federal de Santa Catarina. O efetivo desenvolvimento da pesquisa foi proporcionado pelo CNPq, que concedeu ao projeto integrado apresentado por este pesquisador, denominado *Efetividade dos instrumentos de solução de controvérsias no âmbito do Mercosul*, bolsas e recursos para custeio e aquisição de livros e equipamentos. Também merecem referência alguns órgãos do Ministério das Relações Exteriores, nos quais, através de visitas pessoais, foi possível obter as informações necessárias, bem como mantê-las atualizadas. Foram eles: o DAI, o DMC e o GETEC.

Este primeiro trabalho do Núcleo de Estudos Jurídico-Processuais possui, em parte, uma preocupação mais descritiva e menos prescritiva dos temas, visando, fundamentalmente, a situar as questões e normas mais especificamente *processuais* que integram o projeto Mercosul. Entre essas, privilegiou-se a análise daqueles textos legais que já estão em plena vigência e que podem, portanto, ter eficácia imediata.

O processo de elaboração de cada artigo incluiu, como primeiro passo, a preparação e apresentação de um seminário, sobre cada um dos temas escolhidos. A partir dessa realidade e das observações e críticas efetuados pelo membros do grupo de pesquisadores que compõem o Núcleo, foram elaborados os textos escritos. Esses passaram, em sua primeira versão, também por uma discussão coletiva, sendo que cada um dos autores encarregou-se, então, de redigir, sob sua responsabilidade, a versão final do seu artigo. Nesse sentido, todos os textos são, ao mesmo tempo, individuais e coletivos. Ao lado disso, foram suas diversas versões revisadas por este organizador, que orientou a redação de todos eles.

Compõem o presente volume seis artigos, que buscam propiciar uma visão geral da problemática da solução de controvérsias no Mercosul. No primeiro, busca-se, resumidamente, demonstrar o que é o Mercosul, a natureza de suas normas e o procedimento de sua elaboração e aprovação. O segundo, analisa a questão da solução de controvérsias entre os Estados-Partes e, o terceiro, a questão da jurisdição internacional no Brasil e no Mercosul. O quarto trata especificamente da cooperação jurisdicional, e o quinto, da questão atinente ao exercício da advocacia no Mercado Comum. Por último, o sexto trabalho traz uma visão panorâmica dos protocolos que tratam das diversas questões atinentes à solução de controvérsias no Mercosul, inclusive aqueles que ainda não estão em vigor.

No que se refere à bibliografia, visando a elidir a sempre inevitável repetição que ocorre nesta espécie de publicação, optou-se por uma única listagem, apresentada ao final do livro. A bibliografia apresentada contém, portanto, todos os textos referidos nos diversos artigos que formam este trabalho, mas vai além. Sem ter a pretensão de esgotar os trabalhos publicados sobre o tema, busca-se, nesse espaço, listar os principais textos publicados no Brasil sobre a questão da solução de controvérsias no Mercosul. Serve, nesse sentido, como um levantamento bibliográfico inicial para aqueles que desejarem aprofundar seus estudos nessa matéria.

Espera-se que a leitura deste livro seja proveitosa e possa atingir os objetivos almejados: incentivar, de forma mais concreta, a análise das questões processuais pertinentes ao Mercosul, no âmbito da doutrina nacional, e envolver os diversos operadores jurídicos na sua discussão. Observações, sugestões e críticas que forem feitas a este trabalho serão bem-vindas e consideradas um estímulo ao debate acadêmico.

Prof. Dr. Horácio Wanderlei Rodrigues

Tratados e Protocolos pertinentes à solução de controvérsias, assinados no âmbito do Mercosul

Tratados constitutivos do Mercosul

TRATADO para a Constituição de um Mercado Comum entre a República Argentina, a República Federativa do Brasil, a República do Paraguai e a República Oriental do Uruguai (Tratado de Assunção). Assunção: 26 mar. 1991. Aprovado, no Brasil, pelo Decreto Legislativo nº 197, de 25 set. 1991 (DOU de 26 set. 1991, s. I, p. 20.781 e DCN de 26 set. 1991, s. II) e promulgado pelo Decreto nº 350, de 21 nov. 1991 (DOU de 22 nov. 1991, s. I, p. 26.443).

PROTOCOLO Adicional ao Tratado de Assunção sobre a Estrutura Institucional do Mercosul (Protocolo de Ouro Preto). Ouro Preto: 17 dez. 1994. Aprovado, no Brasil, pelo Decreto Legislativo nº 188, de 15 dez. 1995 (DOU de 18 dez. 1995, s. I, p. 21.345 e DSF de 16 dez. 1995) e promulgado pelo Decreto nº 1.901, de 09 maio 1996 (DOU de 10 maio 1996, s. I, p. 8.009).

Protocolos adicionais aprovados e promulgados

MERCOSUL. CMC. Protocolo para a Solução de Controvérsias (Protocolo de Brasília). Brasília: 17 dez. 1991, Decisão nº 01/91. Aprovado, no Brasil, pelo Decreto Legislativo nº 88, de 1º dez. 1992 (DOU de 02 dez, 1992, s. I, p. 16.613 e DCN de 02 dez. 1996, s. II) e promulgado pelo Decreto nº 922, de 10 set. 1993 (DOU de 13 set. 1993, s. I, p. 13.552).

MERCOSUL. CMC. Protocolo sobre Cooperação e Assistência Jurisdicional em Matéria Civil, Comercial, Trabalhista e Administrativa (Protocolo de Las Leñas). Las Leñas: 27 jun. 1992, Decisão nº 05/92. Aprovado, no Brasil, pelo Decreto Legislativo nº 55, de 19 abr. 1995 (DOU de 28 abr. 1995, s. I, p. 5.945 e DCN de 28 abr. 1995, s. II) e promulgado pelo Decreto nº 2067, de 12 nov. 1996 (DOU de 13 nov. 1996, s. I, p. 23.612).

MERCOSUL. CMC. Protocolo de Buenos Aires sobre Jurisdição Internacional em Matéria Contratual. Buenos Aires: 05 ago. 1994, Decisão nº 01/94. Aprovado, no Brasil, pelo Decreto Legislativo nº 129, de 05 out. 1995 (DOU de 06 out. 1995, s. I, p. 15.718 e DCN de 06 out. 1996, s. II) e promulgado pelo Decreto nº 2095, de 17 dez. 1996 (DOU de 18 dez. 1996, s. I, p. 27.299).

Protocolos pendentes de aprovação e/ou promulgação

MERCOSUL. Protocolo de Medidas Cautelares. Ouro Preto: 16 / 17 dez. 1994, Decisão nº 27/94. Aprovado, no Brasil, pelo Decreto Legislativo nº 192, de 15 dez. 1995 (DOU de 18 dez. 1995, s. I, p. 21.346 e DSF de 16 dez. 1995).

MERCOSUL. CMC. Protocolo de San Luis em Matéria de Responsabilidade Civil decorrente de Acidentes de Trânsito entre os Estados-Partes do Mercosul. Buenos Aires, San Luis; 24-25 jul. 1996, Decisão nº 01/96.

MERCOSUL. CMC. Protocolo de Assistência Mútua em Assuntos Penais. Buenos Aires, San Luis; 24-25 jul. 1996, Decisão nº 02/96.

MERCOSUL. CMC. Protocolo de Santa Maria sobre Jurisdição Internacional em Matéria de Relações de Consumo. Fortaleza, 12-13 dez. 1996, Decisão nº 10/96.

I

Mercosul: alguns conceitos básicos necessários à sua compreensão

HORÁCIO WANDERLEI RODRIGUES
Mestre e Doutor em Direito pela UFSC (SC), onde é Professor Titular de Teoria Geral do Processo e Coordenador do Núcleo de Estudos Jurídico-Processuais do Mercosul, vinculado ao DPP/CCJ/UFSC.

SUMÁRIO: 1. Considerações iniciais; 2. O que é o Mercosul, hoje; 3. A celebração, aprovação e vigência dos tratados e convenções internacionais e o direito brasileiro; 4. Natureza jurídica das normas do Mercosul; 5. Aplicação das normas do Mercosul pelo juiz brasileiro; 6. Considerações finais.

1. Considerações iniciais

A compreensão dos limites e possibilidades do Mercosul como projeto de integração do Cone Sul passa, necessariamente, pela compreensão da sua própria história, estrutura, natureza e objetivos. Também a solução dos conflitos que ocorrerem no seu seio dependem desse conhecimento. A aplicação de suas normas jurídicas pressupõe ainda o conhecimento da natureza jurídica desse direito, sem o que não é possível avaliar corretamente a sua validade e vigência, nem tampouco resolver as antinomias que possam ocorrer em relação aos direitos internos dos diversos Estados-Partes.

É nesse sentido que se decidiu escrever este texto introdutório, no qual se estabelecem certos parâmetros conceituais e técnicos necessários à compreensão do que será exposto nos demais trabalhos. Buscar-se-á, portanto, nas linhas que seguem, descrever, de forma sucinta, sob o prisma do direito brasileiro e dos tratados constitutivos do Mercosul, bem como da doutrina especializada: (a) a situação jurídica e organizacional em que se encontra o Mercosul neste momento histórico; (b) a tramitação dos tratados e convenções internacionais até tornarem-se obrigatórios em nível internacional e interno; (c) a natureza jurídica das normas que compõem a ordem jurídica do Mercosul; e (d) quando e como devem ser aplicados, pelo juiz nacional, os tratados, protocolos e demais normas do Mercosul, em especial quando em conflito com outros tratados e convenções ratificados pelo Brasil ou com a legislação pátria de origem interna.

2. O que é o Mercosul hoje

Constata-se, contemporaneamente, uma tendência para a integração das economias e dos mercados. A cooperação iniciada na Europa, por exemplo, desdobrou-se em processos integracionistas, para a maior e melhor competição econômica mundial, que resultaram na edificação do principal modelo de integração regional, representado por um sólido bloco econômico (e político): a União Européia.

Na América Latina, no final da década de cinqüenta, começa amadurecer a idéia de se proceder a uma integração regional, para incentivar o comércio entre os países latino-americanos. Assim, em 1960, instituiu-se a ALALC (Associação Latino-Americana de Livre Comércio), cujo objetivo era a liberalização do comércio regional através de acordos abrangentes. Contudo, a ALALC não representou uma tentativa bem-sucedida, pois provocou acirrada e maléfica concorrência entre os principais países que a compunham.

A ALALC transformou-se, em 1980, em ALADI (Associação Latino-Americana de Integração), cujo objetivo era o gradual e progressivo estabelecimento de um mercado comum latino-americano, através da conclusão de uma série de acordos bilaterais que, futuramente, estender-se-iam a outros países. O Pacto Andino e o Mercado Comum Centro-Americano são os exemplos mais conhecidos de acordos sub-regionais.

No âmbito da ALADI, Brasil e Argentina firmaram diversos acordos de cooperação econômica e tecnológica. Todavia, essas tentativas sempre se defrontaram com grandes barreiras colocadas à efetividade do livre comércio, tendo em vista as restrições e obstruções protecionistas sempre adotadas, visando à proteção das economias internas, tais como cotas de importação, taxas preferenciais, etc.

Além disso, a crise da dívida externa, os planos de ajuste do Fundo Monetário Internacional e a interrupção de financiamentos externos, os quais sustentavam o desenvolvimento econômico, principalmente industrial, em certos países, são alguns dos fatores que colaboraram para o surgimento de controvérsias no âmbito da ALADI.

O Tratado de Assunção, firmado em 26 de março de 1990 e em vigor internacionalmente desde 29 de novembro de 1991, através do qual foram lançadas as bases para a constituição do Mercosul, não é, nesse sentido, um evento isolado, sem quaisquer antecedentes históricos. Representa ele um momento fundamental dentro do conjunto de tentativas que historicamente visaram à integração comercial da América Latina. É importante, por isso, lembrar, cronologicamente, alguns dos eventos que o antecederam[1]: (a) 1960 - criação da ALALC, pelo Tratado de Montevidéu; (b) 1980 - transformação da ALALC em ALADI, através de novo Tratado de Montevidéu; (c) 1985 - Programa de Integração e Cooperação Econômica entre o Brasil e a Argentina (PICAB) e Declaração de Iguaçu; (d) 1986 - Programa de Integração e Cooperação Econômica (PICE), criado através da Ata de Integração Argentina-Brasil, e assinatura da Ata da Amizade Argentina-Brasil pela Democracia, Paz e Desenvolvimento; (e) 1988 - Tratado de Integração, Cooperação e Desenvolvimento, no qual é ratificado o bom andamento do PICE, além de incorporar e criar mecanismos visando a acelerar a integração; e (f) 1990 - é criada a Comissão de Execução do Tratado de Integração, Cooperação e Desenvolvimento. No mesmo ano, assinam a Ata de Buenos Aires, na qual decidem fixar o prazo para a criação definitiva do Mercado Comum, acelerando o processo integracionista. Também nesse ano é firmado o Acordo de Complementação Econômica nº 14 - (ACE 14), com o objetivo de incorporar todos os demais acordos já firmados entre Brasil e Argentina no âmbito da ALADI. É nesse período que Paraguai e Uruguai negociam seu ingresso no processo integrador argentino-brasileiro.

O Tratado de Assunção (signatários: Argentina, Brasil, Paraguai e Uruguai[2]), de 1991, teve por objetivo integrar o Paraguai e o Uruguai com a Argentina e o Brasil para, em conjunto, levarem adiante o projeto de

---

[1] Outras informações sobre os eventos que antecederam à criação do Mercosul e o histórico da integração latino-americana podem ser obtidos nos livros *Mercosul: direito da integração*, de Haroldo Pabst, e *Mercosul hoje*, de Sérgio Abreu e Lima Florêncio e Ernesto Henrique Fraga Araújo. Também no capítulo sobre o Continente Americano do livro *Direito Internacional da Integração*, de Celso D. de Albuquerque Mello.

[2] Esse universo está sendo paulatinamente ampliado. Em outubro de 1996, houve a assinatura de acordo entre o Mercosul e o Chile e neste momento estão em fase de negociações para ingresso no Mercosul a Bolívia, a Venezuela e a Colômbia.

formação de um Mercado Comum. A própria denominação dada ao documento, "Tratado para a Constituição de um Mercado Comum...", deixa claro esse objetivo, cujo prazo para implementação ficou definido no artigo 1: "Os Estados-Partes decidem constituir um Mercado Comum, que deverá estar estabelecido a 31 de dezembro de 1994, e que se denominará 'Mercado Comum do Sul' (MERCOSUL)".

Com o Tratado de Assunção, iniciou-se o período de transição, durante o qual os Estados signatários buscaram criar as condições necessárias para a constituição do Mercosul no prazo definido. Esse período dividiu-se em três fases distintas[3]: (a) do Tratado de Assunção (março de 1991) ao Cronograma de Las Leñas (junho de 1992); (b) do Cronograma de Las Leñas (junho de 1992) à Reunião de Colônia (janeiro de 1994); e (c) da Reunião de Colônia (janeiro de 1994) ao Protocolo de Ouro Preto (dezembro de 1994).

Em 1994, o processo de integração completou seu primeiro ciclo, com a assinatura do Protocolo de Ouro Preto (POP), através do qual foi institucionalizado o Mercosul, dando fim ao período de transição. Essa institucionalização não significou, concretamente, a implantação de um mercado comum, como pode parecer devido à expressa utilização dessa denominação. O próprio preâmbulo do Protocolo de Ouro Preto deixa isso evidente, ao declarar, expressamente, entre os pressupostos do acordo, a consciência "da *importância dos avanços alcançados e da implementação da união aduaneira como etapa para a construção do mercado comum* ..." (grifo do autor). Com o Protocolo de Ouro Preto, o que ocorre efetivamente, é que o Mercosul se institucionaliza e ingressa na sua segunda etapa, a definitiva, que inicia pela implementação progressiva de uma união aduanei-

---
[3] Para uma visão panorâmica do que foram essas fases, bem como sobre os antecedentes do Mercosul, ver o livro *Mercosul hoje*, de Sérgio Abreu e Lima Florêncio e Ernesto Henrique Fraga Araújo.

ra. A constituição do mercado comum, dentro dessa etapa, dar-se-á apenas após a efetiva concretização da união aduaneira.

Para que se tenha clareza das diferenças existentes entre essas realidades, reproduz-se aqui os seus conceitos, na forma expressada por Luiz Olavo Baptista (1994. pp. 14-6): (a) zona de livre comércio: "na definição clássica, é o estabelecimento, pela via de tratados internacionais, da livre circulação das mercadorias sem barreiras ou restrições quantitativas ou aduaneiras, conservando os Estados integrantes total liberdade nas relações com terceiros países, inclusive em matérias relacionadas com importação e exportação"; (b) união aduaneira: "é um passo além da zona de livre comércio cujo elemento característico da livre circulação de mercadorias incorpora, completando-o com a adoção de uma *tarifa aduaneira comum*, 'eliminando os complexos problemas da definição das regras de origem'"; e (c) mercado comum: "ultrapassa e contém a união aduaneira, acrescentando-lhe a livre circulação dos demais fatores de produção: capital e trabalho, permitindo assim o livre estabelecimento e a livre prestação de serviços pelos profissionais. Praticamente tem-se, do ponto de vista econômico-comercial, um único universo, a que falta tão-só a moeda única para se equiparar ao que ocorre no interior dos Estados". A implementação do mercado comum implica a adoção das denominadas cinco liberdades[4], a saber: livre circulação das mercadorias, liberdade de estabelecimento, livre circulação dos trabalhadores, livre circulação dos capitais e liberdade de concorrência.

Além dessas fases, fala-se ainda em outras duas: a união econômica e a união monetária, buscadas pela União Européia. Não são elas, entretanto, pelo menos

---

[4] Para uma visão mais detalhada dessas liberdades, ver as obras *Comunidade Européia e seu ordenamento jurídico*, de Paulo Borba Casella, e *União européia - Comunidade Econômica Européia*, de Umberto Forte.

neste momento, objetivos expressos do Mercosul. Poder-se-ia mencionar, outrossim, a união política. Essa, entretanto, já ultrapassaria os limites do que se denomina de bloco econômico.

Em função do exposto, pode-se dizer que o Mercosul é, hoje, um projeto de mercado comum, encontrando-se na fase inicial da implantação de uma união aduaneira. Isso não diminui a sua importância. Apenas é necessário que se tenha essa consciência, pois não se podem exigir, nessa etapa do processo, todos os resultados que só serão obtidos após uma longa e árdua caminhada. Ao lado disso, o Mercosul já possui personalidade jurídica de Direito Internacional (POP, art. 34), fruto de sua institucionalização pelo Protocolo de Ouro Preto. Sua estrutura institucional conta com os órgãos expressamente definidos no artigo 1: (a) o Conselho do Mercado Comum (CMC); (b) o Grupo Mercado Comum (GMC); (c) a Comissão de Comércio do Mercosul (CCM); (d) a Comissão Parlamentar Conjunta (CPCM); (e) o Foro Consultivo Econômico-Social (FCES); e (f) a Secretaria Administrativa do Mercosul (SAM).

3. A celebração, aprovação e vigência dos tratados e convenções internacionais e o direito brasileiro[5]

Sobre essa matéria é fundamental destacar os dispositivos constitucionais aplicáveis. Segundo a Constituição Federal, em seu artigo 21, inciso I, compete à União "manter relações com Estados estrangeiros e participar de organizações internacionais". Em seu artigo 84, incisos VII e VIII, estabelece ser competência privativa do Presidente da República: "manter relações com

---

[5] Para uma visão aprofundada dessa temática, ver o livro *O poder de celebrar tratados*, de Antônio Paulo Cachapuz de Medeiros. Também o artigo *A processualística dos atos internacionais: Constituição de 1988 e Mercosul*, de Aramiranta de Azevedo Mercadante.

Estados estrangeiros e acreditar seus representantes diplomáticos" e "celebrar tratados, convenções e atos internacionais, sujeitos a referendo do Congresso Nacional". Já o seu artigo 48, inciso I, determina ser competência exclusiva do Congresso Nacional "resolver definitivamente sobre tratados, acordos ou atos internacionais que acarretem encargos ou compromissos gravosos ao patrimônio nacional".

Como se vê, decorre expressamente do texto constitucional a competência privativa do Presidente da República para manter relações com Estados estrangeiros e para celebrar atos internacionais. Nesses casos, atua ele por poder seu e não por delegação do Poder Legislativo. A participação do Congresso Nacional dá-se no passo posterior, ou seja, na aprovação, ou não, dos atos celebrados, sendo indispensável essa aprovação quando acarretar encargos ou compromissos gravosos ao patrimônio brasileiro.

Aramiranta de Azevedo Mercadante (1996, p. 471) destaca, nesse sentido, que nem todo ato internacional precisa ser referendado pelo Congresso Nacional, pois essa prática imporia uma sobrecarga desnecessária de trabalho, colocando em risco o bom andamento dos atos de rotina diplomática e a rapidez que se faz necessária em determinadas situações. Entende, por isso, que "a expressão 'atos internacionais' [utilizada nos dispositivos constitucionais citados] deve ser tomada em sua acepção mais restrita, equivalente aos tratados e convenções que demandam forma solene para a sua elaboração e conclusão".

Pode-se, de forma esquemática, listar as seguintes etapas de tramitação, pelas quais passam os tratados e convenções internacionais até adquirirem vigência[6]: (a) fase de negociações, realizadas por agentes do Poder

---
[6] Uma análise mais aprofundada dessas etapas pode ser encontrada no artigo de Aramiranta de Azevedo Mercadante, intitulado *A processualística dos atos internacionais: Constituição de 1988 e Mercosul*, pp. 471 a 484.

Executivo; (b) assinatura, realizada pelo Presidente da República ou por agentes munidos de carta de plenos poderes; (c) submissão do ato pelo Presidente da República ao Congresso Nacional; (d) discussão e aprovação, através de decreto legislativo, do ato internacional pelo Congresso Nacional; (e) publicação do decreto legislativo; (f) ratificação do ato internacional; (g) troca ou depósito do instrumento de ratificação; (h) registro e publicação do ato na ordem jurídica internacional; (i) promulgação do ato internacional por decreto do Presidente da República; e (j) publicação do ato internacional no Diário Oficial da União (DOU), como anexo do respectivo decreto presidencial.

Dividir-se-á, para fins didáticos, essas etapas em três conjuntos: (a) a fase preparatória, que não possui maior importância para este estudo; e as fases (b) legislativa, que inclui a discussão do ato internacional e sua aprovação através de decreto legislativo; e (c) de competência do Poder Executivo, que se divide, de um lado, na ratificação do ato internacional e conseqüente troca ou depósito do instrumento próprio, bem como seu registro, e, de outro, na sua promulgação e publicação no DOU.

Encaminhado o ato internacional ao Congresso Nacional, cabe a ele discuti-lo e votá-lo, aprovando-o ou não. A sua aprovação é oficializada através de decreto legislativo, publicado no DOU desacompanhado do texto do ato internacional. Tendo em vista ser, a celebração de tratado internacional ato privativo do Presidente da República, não pode o Parlamento eliminar reservas formuladas pelo Poder Executivo, nem impô-las. Pode, no entanto, sugerir a sua oposição ou eliminação. Com a aprovação do ato internacional e publicação do respectivo decreto legislativo, entretanto, não se completa o procedimento ou se torna ele obrigatório. Segundo A. A. Mercadante (1996, p. 478): "aprovado o tratado pelo Congresso Nacional (Câmara e Senado), a decisão é formalizada mediante um *decreto legislativo*, promulgado pelo Presidente do Senado Federal, que o faz publicar no *Diário Oficial da União*. Neste caso, *o decreto legislativo exprime tão-somente a aprovação do tratado*, aqui entendido em sentido amplo, independentemente da terminologia adotada (ata, ato, protocolo, convênio, acordo, ajuste, convenção, etc.), *e não a sua incorporação ao direito interno brasileiro."*

Concluídos os atos de competência do Poder Legislativo, retorna o ato internacional ao âmbito do Poder Executivo, a quem compete a prática dos demais atos, que visam a atribuir-lhe vigência externa e interna. Os atos capazes de atribuir aos atos internacionais essas qualidades, são, entretanto, diferenciados.

No que se refere à vigência internacional, o ato capaz de atribuir-lhe força para produzir seus efeitos nessa órbita é a ratificação, entendida como "o ato pelo qual o Poder Executivo, devidamente autorizado pelo Congresso Nacional, confirma um tratado ou declara que este deverá produzir seus efeitos" (Mercadante, 1996, p. 481), obrigando o Estado externamente. Quando o ato for bilateral, e sendo necessária a comunicação recíproca da existência dos instrumentos de ratificação, processa-se a troca desses instrumentos. Sendo multilateral, ocorre, geralmente, o seu depósito, em sede determinada no texto do ato internacional objeto da ratificação. Embora, segundo as normas da Organização das Nações Unidas (ONU), seja obrigatório o registro dos atos internacionais junto ao seu Secretariado, bem como, de acordo com a Convenção de Viena, a sua publicação, vigoram eles, no âmbito internacional, a partir da troca ou depósito dos instrumentos de ratificação, ou no prazo neles expressamente fixado.

A ratificação, entretanto, não tem o condão de atribuir ao ato internacional a vigência interna, ou seja, não o incorpora ao ordenamento jurídico interno. Para esse fim, exige-se a promulgação[7], entendida como "o ato jurídico, de natureza interna, pelo qual o governo de um Estado afirma ou atesta a existência de um tratado por ele celebrado e o preenchimento das formalidades exigidas para a sua conclusão, e, além disso, ordena sua execução dentro dos limites aos quais se estende a competência estatal" (Mercadante, 1996, p. 483), e que ocorre através de decreto do Presidente da República. O passo seguinte é a publicação no DOU, acompanhada do texto do ato internacional. Através dela leva-se ao conhecimento público a existência desse ato, o que o torna obrigatório no âmbito interno. E é a partir desse momento que a sua aplicação pelo juiz nacional torna-se obrigatória. Até então, se já ratificado, ele apenas obrigava o Estado no âmbito internacional.

4. Natureza jurídica das normas do Mercosul

Da processualística dos atos internacionais anteriormente descrita decorre reconhecer que o conjunto normativo do Mercosul não pode, em sentido técnico, ser denominado de Direito Comunitário. Faltam-lhe a superioridade hierárquica, a recepção automática pelos ordenamentos jurídicos nacionais (independentemente de qualquer processo de aprovação interna) e a auto-aplicabilidade. Nesse sentido, melhor parece a utilização da expressão Direito da Cooperação.

Diferencia-se ele do denominado Direito Comunitário, que regula as relações derivadas da integração, através de normas comunitárias, de caráter supranacional, determinando competências e estipulando direitos e

---

[7] Segundo A. A. Mercadante (1996:484), embora a atual Constituição silencie sobre a necessidade da promulgação, o seu uso permanece, "com a ressalva de que com a simples publicação no Diário Oficial da União, de certos atos internacionais, como os emanados dos órgãos do Mercosul, autorizados pelo Ministro das Relações Exteriores passam a vigorar na ordem jurídica interna brasileira".

obrigações, como na União Européia (UE). Esse pressupõe o estabelecimento de interesses comuns a partir de relações interestatais baseadas na solidariedade, predominando os interesses comuns sobre os nacionais. É composto pelo contido nos tratados constitutivos e convenções internacionais (das quais emanam normas jurídicas vinculantes para a comunidade) firmadas pelos Estados-Membros entre si ou pela comunidade com terceiros Estados (direito originário, de natureza convencional) e, também, pelo direito emergente dos conjuntos normativos emitidos pelas instituições comunitárias, portanto, de caráter derivado. O Direito Comunitário tem aplicação direta e automática em todos os Estados da comunidade, independentemente de mecanismos internos de recepção e se aplica em detrimento do direito interno.

Manifestação dessa diferença de natureza entre a ordem comunitária e a ordem do Mercosul é o papel que desempenha o Tribunal de Justiça da União Européia, cujas decisões têm eficácia geral e vinculante em relação a todos os Estados que a compõem, sem necessidade de qualquer mecanismo de absorção, da mesma forma que a legislação oriunda de seus órgãos competentes.

A principal divergência doutrinária sobre a natureza do Direito Comunitário coloca-se em: (a) ser ele direito interno, tendo em vista ter sido recepcionado pelas diversas ordens jurídicas; ou (b) ser direito internacional público, tendo em vista que, em sua origem, decorre de tratados internacionais realizados entre os Estados-Membros da comunidade.

Hoje, predominantemente, entende-se que é ele em terceiro gênero, emergente e não-classificável dentro dos parâmetros tradicionais, motivo pelo qual se lhe atribui a denominação Direito Comunitário, por não pertencer, propriamente, nem à ordem interna e nem à internacional, mas à própria comunidade, vista como sujeito com personalidade própria e diferenciada.

O Direito Comunitário também tem relação com o Direito Internacional Privado, na medida em que esse estabelece as normas regentes de conflitos de leis (Casella, 1994, p. 269). No Direito Internacional Privado desenvolvido pela União Européia, situam-se as normas sobre responsabilidade contratual, reconhecimento das pessoas jurídicas e sobre aplicação do direito europeu em matéria de concorrência.

Já o Direito da Cooperação é o existente nas relações derivadas da integração, mas ainda pertencente ao campo do Direito Internacional Público, como ocorre no Mercosul. Não há, nesse caso, um direito supranacional auto-aplicável, como é o comunitário. O máximo que pode ser alcançado é um direito uniforme[8]. A preocupação do Tratado de Assunção, nesse assunto, foi prever a busca de um direito uniforme aplicável nos territórios dos Estados-Partes. O processo de criação desse direito pressupõe não a existência de órgãos supranacionais, mas a sua necessária absorção pelas ordens jurídicas internas. Embora sua natureza de Direito Internacional Público (pela origem e forma de criação), compõem também de normas Direito Internacional Privado e de Direito Processual Internacional, como aquelas relativas ao domicílio, à competência (ou jurisdição) internacional e à cooperação jurisdicional.

É comum, na doutrina, também a utilização da expressão Direito da Integração. Essa é utilizada para se referir a todo o direito que rege as experiências integracionistas, englobando, portanto, tanto o Direito Comunitário quanto o Direito da Cooperação. É gênero, do qual os dois direitos aqui analisados são espécies.

Nesse sentido, o Direito Comunitário, segundo Casella (1994, p. 248), "pode também ser colocado como ramo ou o exemplo concreto mais desenvolvido do

---

[8] Sobre a uniformização jurídica no Mercosul podem ser consultados os livros *Mercosul: direito da integração*, de Haroldo Pabst, e *Harmonização legislativa no Mercosul*, de Werter R. Faria.

direito da integração econômica, correspondendo à forma específica de processo de integração, adotada na Europa Ocidental, intimamente ligada à realidade socioeconômica daqueles países com alto grau de desenvolvimento relativo e integração social interna, tendo como ponto de partida acordo voluntário entre Estados, visando a constituir união política definitiva, mediante cooperação internacional institucionalizada."

5. Aplicação das normas do Mercosul pelo juiz brasileiro[9]

Antes de tratar da aplicação das normas do Mercosul pelo juiz brasileiro, que se refere, evidentemente, às controvérsias ocorridas entre particulares, é importante salientar que a possibilidade de aplicação das regras do Mercado Comum, atinentes às controvérsias que envolvam Estados-Partes, resolvidas pelos meios previstos nos Protocolos de Brasília e de Ouro Preto, decorre da sua ratificação, e não da sua promulgação e publicação no DOU. No momento da ratificação, o Brasil obriga-se internacionalmente, podendo os demais países signatários exigir-lhe o cumprimento do disposto no ato internacional ratificado.

No que se refere ao tema específico deste ponto, ou seja, a solução de controvérsias entre particulares pertencentes a diferentes Estados-Partes, a serem resolvidas pelo juiz brasileiro, quando competente, a aplicabilidade das normas do Mercosul deriva da sua promulgação por decreto presidencial e publicação no DOU. Apenas esses atos é que são capazes de atribuir-lhes obrigatoriedade interna, tornando necessária a sua aplicação pelo juiz nacional, quando for o caso. Ratificada a norma,

---
[9] Sobre esse tema pode ser consultado o livro *Mercosul: soluções de conflitos pelos juízes brasileiros*, de Antonio Corrêa.

mas não promulgada pelo Presidente da República e publicada no DOU, não terá ela vigência interna, inexistindo como integrante do ordenamento jurídico nacional. Nessa situação, não estará o juiz brasileiro obrigado a aplicá-la, cabendo, entretanto, no campo internacional, o acionamento dos instrumentos específicos de solução de controvérsias, bem como a aplicação de sanção ao país pelo descumprimento de norma pela qual se comprometeu internacionalmente, através da ratificação.

Quando se trata da aplicação de normas internacionais pelo juiz nacional, não é esse, entretanto, o problema maior. A grande dificuldade, regra geral, encontra-se quando da ocorrência de antinomias jurídicas. E essas podem ocorrer, no caso do Mercosul, entre suas normas específicas e outras normas internacionais vigentes no Brasil, ou entre elas e normas internas brasileiras (leis ordinárias, leis complementares, Constituição Federal). De qualquer forma, como todo ato internacional (em sua acepção mais restrita), para fins de vigência interna, necessita ser aprovado por decreto legislativo e promulgado por decreto presidencial, além de publicado no DOU, o que parece ocorrer, em tese, é uma antinomia entre normas nacionais. Na realidade, essa situação não é assim tão simples. Tendo em vista ser privativa do Presidente da República a celebração dos atos internacionais, não pode o Parlamento simplesmente revogá-los. Não pode, outrossim, modificá-los, tendo em vista que a oposição ou a retirada de reservas também se enquadra na mesma situação. Frente a esses fatos, não é possível afirmar, de forma absoluta, que essas antinomias são antinomias entre normas internas.

Segundo A. A. Mercadante (1996, pp. 486-7), "vários fatores concorrem para restringir a possibilidade de conflitos entre tratado internacional e norma interna, desde que ambos estejam devidamente concluídos: a relação hierárquica entre tratados internacionais; a distinção entre tratados não-executáveis e auto-executáveis, a regra de interpretação *lege especiali per generalem non derrogatur*, a presunção de compatibilidade entre normas internas e internacionais".

É importante destacar, com respeito a aplicação das normas do Mercosul pelo juiz brasileiro, que o Protocolo de Ouro Preto contém capítulo específico, sob o título *"Aplicação Interna das Normas Emanadas dos Órgãos do Mercosul"*, composto de três artigos. O primeiro deles (art. 38) contém norma geral, na qual os Estados-Partes comprometem-se a tomarem todas as medidas que se fizerem necessárias para garantir, em seus territórios, o cumprimento das normas do Mercado Comum. O artigo seguinte (art. 39) trata do Boletim Oficial do Mercosul, no qual serão publicadas, na íntegra, em português e espanhol, as Decisões do CMC, as Resoluções do GMC, as Diretrizes da CCM e os Laudos Arbitrais de solução de controvérsias, bem como todos os demais atos do CMC e do GMC que necessitarem publicidade oficial. O último dispositivo legal que trata da matéria (art. 40) contém o procedimento que visa a garantir a vigência simultânea, em todos os Estados-Partes, das normas emanadas do Mercosul. Esse procedimento contém as seguintes etapas: (a) aprovada a norma, deverão adotar, os Estados-Partes, as medidas necessárias para sua incorporação ao ordenamento jurídico nacional. No caso do Brasil, isso significa o encaminhamento da norma ao Congresso Nacional, para que a analise e aprove através de decreto legislativo; (b) aprovada a norma[10], deve cada Estado-Parte comunicar a Secretaria Administrativa do Mercosul. Na prática, esse ato significa o depósito

---

[10] O Protocolo de Ouro Preto refere-se à "incorporação aos respectivos ordenamentos jurídicos internos". No caso do Brasil, essa incorporação só ocorrerá quando da publicação no DOU, o que se efetivará quando do cumprimento da última etapa do procedimento ora descrito. Na prática, o que o Brasil tem feito é realizar a comunicação (ratificação) após a aprovação legislativa, ficando a incorporação ao ordenamento jurídico interno (promulgação através de decreto do Presidente da República e respectiva publicação) para a última fase.

do documento de ratificação do ato internacional; (c) quando todos os Estados-Partes tiverem realizado essa comunicação, a Secretaria Administrativa do Mercosul informará o fato aos membros do Mercado Comum; e (d) trinta dias após a data da comunicação oficial, as normas entrarão em vigor, simultaneamente, em todos os Estados-Partes, aos quais cabe, dentro desse prazo, dar publicidade do início da vigência da norma, através de publicação no seu Diário Oficial. No Brasil, será nessa última etapa que a norma passará a ter aplicabilidade interna, através da sua promulgação por decreto presidencial e publicação no DOU.

Como fica demonstrado no capítulo IV do Protocolo de Ouro Preto, há o compromisso dos países que compõem o Mercosul de tornar efetivas as normas do Mercado Comum. Isso implica privilegiá-las, quando em conflito com outras normas de mesma hierarquia, o que parece bastante claro no texto do artigo 38: "Os Estados-Partes comprometem-se a adotar todas as medidas necessárias para assegurar, em seus respectivos territórios, o cumprimento das normas emanadas dos órgãos do Mercosul ..."

É também o Protocolo de Ouro Preto que enumera as fontes jurídicas do Mercosul, em seu capítulo V. São elas, segundo o texto do artigo 41: (a) "o Tratado de Assunção, seus protocolos e os instrumentos adicionais ou complementares"; (b) "os acordos celebrados no âmbito do Tratado de Assunção e seus protocolos"; e (c) "as Decisões do Conselho Mercado Comum, as Resoluções do Grupo Mercado Comum e as Diretrizes da Comissão de Comércio do Mercosul, adotadas desde a entrada em vigor do Tratado de Assunção." Nesse capítulo está contido, outrossim, novo dispositivo (art. 42), que demonstra a intenção de privilegiar a legislação específica do Mercado Comum. Determina ele que as normas oriundas dos órgãos do Mercosul "terão caráter obrigatório e deverão, quando necessário, ser incorporadas aos ordenamentos jurídicos nacionais mediante os procedimentos previstos pela legislação de cada país".

Frente a essas observações e disposições legais, pode-se concluir, em princípio, que no caso do Mercosul, deve-se proceder da seguinte forma: (a) publicado no DOU o decreto presidencial, acompanhado do texto do ato internacional, torna-se ele vigente internamente, obrigando a todos, devendo, por conseguinte, ser aplicado pelo juiz brasileiro, quando cabível; (b) no conflito entre norma específica do Mercado Comum e outra norma internacional igualmente vigente, sendo partes particulares pertencentes a Estados que constituem o Mercosul, devem as suas normas prevalecerem, tendo por base o princípio da especialidade; e (c) no conflito entre norma específica do Mercado Comum e norma interna, originariamente nacional, deve também prevalecer a do Mercosul, com base no mesmo critério. Está-se aqui presumindo, evidentemente, que essas normas não contrariam a ordem jurídica internacional e nem as constituições dos Estados que compõem o bloco, situações nas quais o conflito teria de ser resolvido pelo critério hierárquico.

Finalmente, destaca-se que não haveria lógica ou sentido em se aceitar a constituição de um sujeito de direito internacional, com personalidade jurídica e normas próprias, e ao mesmo tempo acreditar-se que os seus membros não quisessem dar-lhe efetividade. É isso que ocorreria ao se atribuir, quando da existência de antinomia, prevalência a outra norma que não a do Mercosul. A lógica e o bom-senso são elementos fundamentais a serem sempre considerados pelo intérprete e pelo aplicador do direito.

6. Considerações finais

Considerando-se o que foi exposto neste texto, podem-se destacar os seguintes pontos:

a) o projeto Mercosul passou por um primeiro período, de transição, no qual foi implantada a Zona de Livre Comércio. Com a assinatura do Protocolo de Ouro Preto, em dezembro de 1994, ingressou-se no segundo período, de construção da União Aduaneira. O Mercado Comum, objetivo do Mercosul, apenas será atingido após a integral implantação da União Aduaneira;

b) as normas do Mercosul, frente ao direito brasileiro, possuem dois momentos diferenciados de entrada em vigência: um internacional e um interno. Em nível internacional, a vigência depende da ratificação do ato internacional; em nível interno, da promulgação por decreto presidencial, acompanhada da publicação do seu texto no Diário Oficial da União. Tanto a ratificação como a promulgação só podem ocorrer após a aprovação do ato internacional pelo parlamento, através de decreto legislativo;

c) o conjunto normativo do Mercosul não pode, com propriedade, ser denominado de Direito Comunitário. Faltam-lhe a superioridade hierárquica, a supranacionalidade e a auto-aplicabilidade. Melhor é denominá-lo de Direito da Cooperação. Essas duas espécies de direito pertencem a um mesmo gênero: o Direito da Integração. No entanto, enquanto o Direito da Cooperação é Direito Internacional Público, em sua configuração tradicional, devendo ser absorvido em cada Estado pelos mecanismos estabelecidos em sua própria legislação interna, o Direito Comunitário possui uma nova natureza, não podendo ser classificado, com propriedade, nem como direito internacional e nem como direito interno;

d) a obrigatoriedade da aplicação das normas jurídicas do Mercosul, por parte do juiz brasileiro, decorre da sua promulgação por decreto acompanhado do texto do ato internacional. No conflito entre a norma do Direito da Cooperação e outras normas internacionais vigentes no Brasil, deve o juiz optar pela norma do Mercosul, tendo em vista o critério da especialidade. Quando o conflito for com norma de origem interna, a regra também é a mesma, com exceção daqueles casos em que a antinomia ocorrer com a própria Constituição Federal ou suas leis complementares.

II

Solução de controvérsias entre os Estados-Partes do Mercosul

KLAUS DA SILVA RAUPP

Pesquisador do Núcleo de Estudos Jurídico-Processuais do Mercosul, vinculado ao DPP/CCJ/UFSC.

SUMÁRIO: 1. Considerações iniciais; 2. Os meios previstos em Direito Internacional Público para a solução pacífica de conflitos entre Estados; 3. A solução de controvérsias entre os Estados-Partes do Mercosul, conforme o Tratado de Assunção, o Protocolo de Brasília e o Protocolo de Ouro Preto; 4. Considerações finais.

O princípio da solução pacífica dos litígios integra a [própria] noção de coexistência pacífica.
Celso Duvivier de Albuquerque Mello

1. Considerações iniciais

Não se pode pensar em qualquer processo integrativo tal qual o Mercosul, sem se pressupor a coexistência pacífica entre seus integrantes, posto que sem ela sequer se atingiriam os escopos mais primitivos da união comum, do mesmo modo em que, havendo essa harmonia, não se pode deixar de lado a previsão de modos igualmente pacíficos para a solução de eventuais conflitos de interesses originados no seio dessa nova comunidade. E bem se sabe que esse tema já é motivo de antiga preocupação para o Direito das Gentes, notadamente no final do século passado, quando a comunidade internacional voltou seus olhos para a Primeira Conferência de Haia, nos Países Baixos, onde se firmou a "Convenção para solução pacífica dos conflitos internacionais", em 1899, remodelada na Segunda Conferência, no início deste século, em 1907. Dentre outras previsões, a Convenção de Haia estipulou os bons ofícios e a mediação, as comissões internacionais de inquérito e a arbitragem internacional, como mecanismos de solução pacífica de conflitos entre os Estados. A doutrina jus-internacionalista tratou de ampliar a compreensão dessas figuras, apresentando as formas que hoje existem para se dirimirem tais controvérsias. A própria Carta da ONU adota o princípio da solução pacífica dos conflitos internacionais, em seu artigo 2º, alínea 3ª, bem como a Carta da OEA, em seu artigo 3º, letra "h".

Dedicar-se-á, pois, neste artigo, especial atenção a essa matéria, quando forem analisados os institutos de Direito Internacional Público que tratam da questão, bem como a previsão da ordem jurídica do Mercosul, que arrola, para tanto, as negociações diretas, a intervenção do Grupo Mercado Comum e a Arbitragem, que nada mais são, em linguagem processual, que os chamados equivalentes jurisdicionais, ou substitutivos da jurisdição, quais sejam, a autocomposição, a mediação e a arbitragem, formas alternativas de solução de conflitos que afastam a sua apreciação por um Poder Judiciário previamente instituído. A Carta da ONU, por sua vez, além das formas correspondentes aos equivalentes jurisdicionais, prevê, como um dos órgãos especiais das Nações Unidas, a Corte Internacional de Justiça, que possui estatuto próprio, sendo competente para dirimir questões que as partes lhe submetam, bem como outros assuntos previstos na Carta das Nações Unidas, ou em tratados e convenções em vigor. No entanto, não existe, em nível de Mercosul, uma corte permanente que vincule os Estados às suas decisões, o que implica se ressaltar ainda mais a importância dessas formas alternativas de se resolverem os litígios ou, por outro lado, em se questionar acerca da viabilidade da instituição de um tribunal supranacional e permanente, especificamente para a solução de conflitos no Mercosul.

Considere-se, também, que a noção mais arraigada de soberania ainda é um obstáculo para a existência de órgãos jurisdicionais internacionais, já que pressupõe que o Estado não deve submeter-se a outra autoridade além daquela por ele emanada, quer a nível legislativo, quer a nível jurisdicional (Baptista, 1995, p. 91), o que justificaria a maior propriedade dos equivalentes jurisdicionais, afora sua menor complexidade formal. Entretanto, essa noção tradicional já não é mais pacífica, devido à imprecisão com que se apresenta, hodiernamente, o conceito de soberania, posto que o desenvolvimento acelerado das organizações internacionais e dos processos integrativos conduz a uma utilização mais flexível do termo, fazendo com que a soberania não seja mais vista sob um prisma de indivisibilidade, todavia sob um prisma de compartilhamento (Baptista, 1995, p. 92), o que torna imprescindível a discussão ora apresentada.

2. Os meios previstos em Direito Internacional Público para a solução pacífica de conflitos entre Estados

Podem-se classificar os meios pacíficos de solução de litígios internacionais em diplomáticos, políticos e jurisdicionais[1]. Segundo Rezek (1993), os meios diplomáticos compreendem as *negociações diretas*, os *bons ofícios*, o *sistema de consultas*, a *mediação*, a *conciliação* e o *inquérito*; os políticos, aqueles atos de influência das *organizações internacionais*; e os jurisdicionais, a *arbitragem* e a *solução judiciária*[2]. Esses meios derivam dos acordos de Haia de 1899 e de 1907, tendo sido abraçados e aprimorados pela doutrina jus-internacionalista, bem como previstos pela Carta das Nações Unidas, em seu artigo 33, e pela Carta da Organização dos Estados Americanos, em seu artigo 24. Pouco diferenciam-se os meios diplomáticos e políticos, até porque "a política é o substrato maior da diplomacia em qualquer circunstância, mas notadamente num quadro conflituoso" (Rezek, 1993, p. 343). Contudo, ambos bem distinguem-se dos meios jurisdicionais, posto que esses primam pela fiel observância do direito, ou seja, da norma jurídica pertinente, que sem deslize deve ser observada pelo árbitro ou pelo juiz no caso concreto. Já sob a esteira de uma solução diplomática para o conflito, *verbi gratia*, não se trabalha à base desse compromisso legal. Pode-se, até mesmo, nesse caso, sacrificar a norma aplicável, no intuito de compor o litígio, composição essa que, *per si*, é a tarefa própria da via diplomática (Rezek, 1993, p. 344).

---

[1] Há, em verdade, duas classificações para os meios pacíficos de solução de litígios internacionais, uma tríplice, ora apresentada, e outra binária, que prevê somente os meios diplomáticos e os meios jurídicos, considerando, pois, que todos os meios são políticos, já que para a prevalência de determinado interesse, faz-se mister o exercício do poder. Todavia, a classificação tríplice leva em consideração a existência dos meios políticos em sentido estrito. Optamos por essa classificação, salientando, entretanto, que não nos propusemos a discorrer especificamente acerca desses meios, posto que dissipam-se do objeto deste artigo.

[2] A classificação dos meios pacíficos de solução de litígios internacionais não é unânime entre os doutrinadores. Autores como Accioly e Albuquerque Mello reputam a conciliação e o inquérito como meios jurídicos, diferentemente de Rezek. Adotamos, contudo, neste artigo, a classificação de Rezek.

2.1. Meios diplomáticos

O termo diplomacia pode traduzir vários significados, tais como a própria política exterior de um país, ou mesmo um ramo do seu serviço de relações exteriores e seu corpo de representantes, ou ainda a negociação e seus mecanismos de condução, sendo assim reputada como atividade, e até mesmo a qualidade de quem é hábil para conduzir um processo de negociação. Ater-se-á, contudo, ao seu significado técnico-científico de conteúdo mais restrito, que, segundo o *Oxford English Dictionary*, é o de atividade de negociação internacional, particularmente, a condução das relações internacionais mediante a negociação, ou o método através do qual se ajustam e conduzem essas relações por meio de embaixadores e encarregados. É o ofício ou a arte do diplomata.

É, pois, a diplomacia, uma atividade que compete à administração pública, posto que nos processos de negociação internacional estarão em questão os interesses de determinado Estado. Assim, os países estruturam em seus governos órgãos encarregados de formular sua política externa e assegurar sua execução, mantendo relações com governos estrangeiros, numa dimensão bilateral, e também com organismos internacionais, numa dimensão multilateral. Esses órgãos, ou ministérios de relações exteriores, são responsáveis por colher informações necessárias à formulação e execução da política externa do país, bem como por dar execução às diretrizes dessa política externa, representar o governo no exterior, negociar e celebrar tratados, acordos e demais atos internacionais, entre outras funções.

A devida compreensão da diplomacia e de suas atribuições, destarte, faz-nos concordar com a idéia de que ela não só é fundamental para o trato das negociações internacionais, como detém uma situação proeminente frente a qualquer outro meio que busque solucionar questões internacionais em que versem interesses diversos, posto que é atividade organizada exclusivamente para esse fim e, além de tudo, destitui-se dos rigores formais das atividades jurisdicionais que, no mais das vezes, prolongam pelo tempo a busca da composição dos litígios. É, pois, uma atividade ágil e de resultados breves. Deve-se considerar, ainda, segundo o velho brocardo, que entre semelhantes soberanos não pode haver sobreposição, todavia entendimento, bem como que a soberania dos Estados ainda é um obstáculo para a existência de órgãos jurisdicionais supranacionais, como já afirmado (e, no âmbito do Mercosul, não os há). Cumpre-nos, pois, enaltecer a via diplomática como um instrumento ímpar na busca da resolução de controvérsias internacionais, posto que é a atividade que visa, por excelência, ao entendimento e à harmonia entre os Estados, e seu uso jamais fere os princípios da soberania de cada Estado, pelo contrário, tende a enaltecer o respeito e a consideração que os Estados têm por seus pares soberanos.

2.1.1. Negociações diretas

As *negociações diretas* - ou autocomposição, sob o ponto de vista da denominação processual - constituem-se no procedimento pelo qual as partes, entre si, ou como sugere o próprio nome, sem a intervenção de terceiros sob forma alguma, negociam a questão em litígio. Trata-se de forma demasiadamente comum e usual nas práticas hodiernas de relações internacionais, até porque, segundo Hoijer (*apud* Mello, 1992, p. 1072), constitui uma *via discreta* para a solução do conflito, e também porque, segundo se tem notícia, têm logrado êxito em grande parte das vezes a que a elas se procurou recorrer. Podem ser conduzidas pelos próprios chefes de Estado ou governo dos países, ou ainda pelas chancelarias dos mesmos, através da troca de notas. Segundo

Accioly (1991, p. 244), conclui-se pela abdicação de uma das partes àquilo que pretendia (desistência ou renúncia), ou pelo reconhecimento de uma parte à pretensão da outra (aquiescência ou submissão), ou ainda quando as partes, reciprocamente, cedem em suas pretensões (transação). Contudo, é vital, para que logrem pleno êxito haver certa equiparação de forças entre as partes litigantes, a fim de que não haja sobreposição de uma sobre outra através de atitudes coativas.

2.1.2. Bons ofícios

Os bons ofícios nada mais são que negociações diretas ajudadas pela ação amistosa de um terceiro, que vem a prestar os bons ofícios, por solicitação das partes ou por sua sugestão às mesmas. Na doutrina processual, esse instituto pode ser enquadrado como uma forma de mediação. Todavia, na prestação de bons ofícios, esse terceiro, que deve ser um sujeito de direito internacional, não intervém diretamente na questão, como na mediação, não tomando sequer conhecimento das razões das partes controversas, e não propondo, portanto, solução para o conflito, conferindo, assim, apoio unicamente instrumental (Rezek, 1993, p. 345). Dessa forma, limita-se a aproximar as partes, oferecendo-lhes campo neutro, a fim de evitar ou atenuar as animosidades existentes entre ambas.

2.1.3. Sistema de consultas

Novamente temos o aparecimento da figura das negociações diretas (ou autocomposição, conforme supramencionado). Porém, especificamente no sistema consultivo, elas revestem-se de caráter programado. As negociações, nesse caso, não se realizam improvisadamente, mas após prévia combinação entre as partes que, tal como em negociações diretas, dispensam a intervenção de terceiros, consultando-se as mesmas mutuamente para solucionar as controvérsias ou para estudar problemas de interesse comum. Nada mais é que a previsão de reuniões periódicas entre os Estados com o fim de se consultarem acerca dessas questões. No dizer de Accioly (1991, p. 246), o sistema de consultas "é a troca de opiniões entre dois ou mais governos, interessados direta ou indiretamente num litígio internacional, no intuito de alcançarem uma solução conciliatória".

2.1.4. Mediação

Tal qual nos bons ofícios, importa, na mediação, o envolvimento de terceiro estranho à lide existente. Corresponde tal instituto ao equivalente jurisdicional de mesmo nome. Porém, o terceiro, como mediador, deve tomar conhecimento das razões das partes no litígio, a fim de propor-lhes uma decisão final. Nesse aspecto, assemelhar-se-ia o mediador ao árbitro e ao juiz, contudo deles diferindo porque seu parecer não obriga as partes, como o laudo arbitral e a sentença o fazem. O parecer do mediador somente logra êxito se as partes entenderem sua proposta como satisfatória. Daí deduzir-se que também não se pode aqui confundir a mediação com a intervenção, já que essa tem caráter coativo, enquanto aquela é meramente propositiva. A mediação pode ser individual ou coletiva, segundo o número de mediadores.

2.1.5. Conciliação

Pode-se entender a conciliação como uma variante da mediação, revestida de maior aparato formal e geralmente prevista nos tratados, sob a forma de uma comissão, sendo assim seu exercício coletivo, e não apenas individual (Rezek, 1993:348). A conciliação é, em verdade, "uma mediação 'institucionalizada', sujeita a regras de procedimento, que são as normas da comissão" (Mello, 1992, p. 1078). Cabe, pois, a um órgão independente, e não a um Estado, a proposição da solução para o litígio. Essas comissões de conciliação, em regra, são permanentes, de modo que aparecendo a situação litigiosa, já existe o órgão ao qual a mesma deva ser submetida. Compõe-se de representantes de cada Estado, em mesmo número, e de elementos neutros, constituindo-se, no total, de número ímpar de integrantes. Têm a missão, pois, de conciliar as partes, elaborando um relatório no qual se propõe um acordo, relatório esse que, tal qual o parecer do mediador, não obriga as partes. Após a proposta, os litigantes têm um prazo para se pronunciarem sobre os termos do acordo. Tem, pois, papel consultivo e utiliza-se do método de persuasão (Accioly, 1991, p. 257).

2.1.6. Inquérito

Com vistas a se estabelecer a materialidade de fatos que aparecem controversos numa questão internacional, buscando sua elucidação através de uma investigação, esse procedimento constitui-se, no dizer de Rezek (1993, p. 349), numa *preliminar de instância*, isto é, prepara o terreno para a efetivação de uma solução propriamente dita do conflito. Pretende, tão-somente, através de um exame circunstanciado da situação litigiosa, apurar e esclarecer os fatos sobre os quais ela versa (Accioly, 1991, p. 257). Não se confunde, pois, o procedimento de inquérito ou investigação, com o da conciliação. O que acontece, de fato, é que se tem estendido a competência das comissões responsáveis pela investigação, incluindo a conciliação, isto é, tornou-se comum a criação de comissões de conciliação e inquérito, sendo que nelas, por suposto, estão congregadas, sem exceção, todas as funções desses dois instrumentos.

2.2. Meios jurisdicionais

Conforme já salientado, os meios jurisdicionais diferenciam-se dos meios diplomáticos por sua característica peculiar de fiel observância do direito, ou seja, da norma jurídica pertinente ao caso em questão. Bem sabe-se que a jurisdição pode ser considerada como a atividade destinada a examinar litígios e a dizer o direito que àqueles se aplica, proferindo decisões que obrigam as partes que a acionam. Assim, os meios jurisdicionais funcionam através de um terceiro que, sob a luz das regras de direito internacional (cartas, tratados, acordos, convenções, etc.) aplicáveis ao caso concreto, decide a controvérsia, sendo que as partes devem cumprir tal decisão, obrigatoriamente, pois a mesma tem caráter de sentença.

Compreendem, pois, a arbitragem e a solução judiciária. A diferença existente entre esses dois meios é meramente formal, já que na arbitragem há uma instância especialmente convocada, enquanto na solução judiciária pressupõe-se a existência de um tribunal permanente. Na arbitragem, em regra, o árbitro é escolhido *ad hoc* pelas partes em litígio, constituindo-se após o surgimento do conflito. Contudo, na solução judiciária, o juiz exerce atividade constante, devendo estar pronto a qualquer demanda que possa surgir. Portanto, existe antes do surgimento do conflito.

2.2.1. Arbitragem

Trata-se a arbitragem de meio de solução de conflitos internacionais em que se faz uso de determinadas regras jurídicas, através de um terceiro escolhido pelas partes em litígio. No campo processualístico, enquanto equivalente jurisdicional, tal figura adquire o mesmo nome e é dos meios mais usuais na história dos substitutivos da jurisdição. Difere-se, contudo, dos bons ofícios, da mediação e da conciliação, pois aquilo que o árbitro decide, adquire caráter obrigatório para as partes. Segundo se depreende da Convenção de Haia, somente as questões de direito podem ser dirimidas via arbitragem. No entanto, não parece ser, contemporaneamente, essa a posição majoritária da doutrina jus-internacionalista. A arbitragem, então, caracteriza-se pelo acordo de vontade das partes em buscar a solução arbitral, assim como pela escolha livre dos árbitros e pelo fato de que as decisões, para ambas as partes, têm caráter obrigatório. Tal acordo de vontades se dá através de um instrumento denominado *compromisso arbitral*. Esse compromisso é o próprio fundamento da obrigatoriedade que caracteriza a sentença arbitral (Rezek, 1993, p. 358). Pelo compromisso arbitral definem-se a matéria sobre a qual versará o litígio, o direito aplicável, o árbitro ou tribunal arbitral, os poderes desse árbitro ou tribunal, as regras procedimentais a serem observadas pelos mesmos, etc.

Percebe-se, logo, que a sentença arbitral, em seu caráter de obrigatoriedade, é o que especificamente marca o modo de ser da arbitragem, enquanto forma de solução de conflitos. Entretanto, não se pode esquecer que os efeitos da decisão proferida pelo árbitro são *inter partes*, e não *erga omnes*. Portanto, a sentença arbitral vincula, obrigatoriamente, as partes em litígio e mais ninguém. Seu cumprimento, todavia, depende da boa-fé das mesmas, haja vista não revestirem-se de caráter executório, até porque não há meios de obrigar as partes, num litígio internacional, ao cumprimento da decisão, a não ser através das sanções conhecidas em Direito Internacional Público, o que extrapola os meios de solução pacífica dos litígios. Pode-se classificar a arbitragem em voluntária (ou facultativa) e obrigatória (ou permanente) (Accioly, 1991, p. 252). Na primeira, escolhe-se a forma arbitral por acordo ocasional entre as partes, após a existência do conflito; na segunda, já existe um acordo anterior, quer por um tratado geral sobre arbitragem, quer por um tratado que contenha cláusula arbitral, para que as partes dirijam o conflito a uma solução arbitral. Vale dizer, em suma, a partir do próprio texto de Haia, que a arbitragem deve funcionar "na base do respeito do direito", delimitando-a como um meio jurisdicional de solução de conflitos.

2.2.2. Solução judiciária

A solução judiciária apresenta-se como a forma de solução de conflitos pela qual se submete a questão a um tribunal preexistente, através de seus juízes, que decidirão o caso à luz das regras de direito vigentes, decisão essa que também tem cunho obrigatório, assim como na arbitragem. Como já apresentado, ambas diferem pelo caráter permanente com que se reveste o órgão encarregado da solução judiciária, sob a roupagem de uma corte judiciária constituída e que atua regularmente dentro da competência que lhe é atribuída, tal qual a Corte Internacional de Justiça, órgão das Nações Unidas, segundo o artigo 7º da Carta, e modelo maior de uma corte judiciária internacional, cujo funcionamento é regulado, inclusive, por estatuto próprio. Na arbitragem, por sua vez, o órgão encarregado da decisão é transitório. Vale salientar, também, que as partes não podem escolher os juízes de uma corte, posto que eles são profissionais em exercício constante na mesma; já na arbitragem, as partes têm o poder de escolha dos árbitros. Pode-se dizer que a solução judiciária é, para a solução de conflitos, o meio jurisdicional por excelência. Seu funcionamento dá-se tal qual o dos órgãos do Poder Judiciário dos Estados, com as devidas particularidades do processo internacional. É de se questionar, contudo, como feito na introdução deste artigo, acerca de uma possível ofensa ao princípio da soberania, quando da vinculação dos Estados às sentenças proferidas por uma corte judiciária internacional. Entretanto, entende-se que, se é uma opção do Estado demandar determinado foro, aquele, assim fazendo, está submetendo-se à decisão que venha a tomar um órgão cujos poderes não emanam da soberania desse Estado. Há, também, que se considerar o prisma da soberania compartilhada, em que um conjunto de Estados, partes em uma organização internacional, compartilham da soberania de um único órgão judiciário, supranacional, que tenha a prerrogativa de dirimir os conflitos surgidos no seio da nova comunidade. Assim entendendo, não se poderia falar em ofensa à soberania, mas em uma nova forma de compreender o seu significado, frente ao acelerado processo de internacionalização por que passa o mundo atualmente.

3. A solução de controvérsias entre os Estados-Partes do Mercosul, conforme o Tratado de Assunção, o Protocolo de Brasília e o Protocolo de Ouro Preto

Conforme o artigo 3 do Tratado de Assunção, constitutivo do Mercosul, os Estados-Partes terão adotado, durante o período de transição, entre outras medidas, um Sistema de Solução de Controvérsias, constante no Anexo III do referido Tratado, que em seu ponto 1, manifesta predominância do mecanismo diplomático, através das negociações diretas e da intervenção do Grupo Mercado Comum. O ponto 2 do mesmo Anexo prevê a criação de um Sistema provisório, que se deu através do Protocolo de Brasília, que igualmente manteve a via diplomática como predominante na solução dos conflitos no âmbito do Mercosul. Prevê, antes de tudo, as negociações diretas, em seguida, a intervenção do Grupo Mercado Comum e, em última instância, a arbitragem. O Protocolo de Ouro Preto acrescentou a esse procedimento a possibilidade de se apresentarem reclamações à Comissão de Comércio do Mercosul, quando aquelas versarem sobre assuntos de competência dessa Comissão. É o que prevê o artigo 21 do referido texto legal, que define parte das funções e atribuições da Comissão. O exame dessas questões, todavia, não impede a ação do Estado-Parte que, em sua reclamação, encontra-se amparado pelo Protocolo de Brasília. As reclamações para a Comissão de Comércio do Mercosul seguem procedimento específico, previsto no anexo ao Protocolo de Ouro Preto. O ponto 3 do anexo III do Tratado de Assunção, por sua vez, estabeleceu data para a adoção de um sistema permanente. No entanto, o Protocolo de Ouro Preto confirmou os meios previstos no Protocolo de Brasília, estipulando, entretanto, que ao culminar o processo de convergência da tarifa externa comum, rever-se-á o atual sistema, com vistas à adoção do sistema permanente. Centralizar-se-á, pois, neste capítulo, nossa atenção sobre o texto do Protocolo de Brasília, principalmente no que se refere aos conflitos entre os Estados-Partes, objeto específico deste artigo. Relacionar-se-á, sempre em seguida ao tipo legal do referido Protocolo, a forma estipulada e sua devida correspondência no Direito Internacional Público, conforme visto anteriormente, de acordo com as figuras existentes.

3.1. As negociações diretas

Diz o Protocolo de Brasília, em seu capítulo 2, artigo 2º: "Os Estados-Partes numa controvérsia procurarão resolvê-la, antes de tudo, mediante negociações diretas." Note-se, pois, o uso da expressão "antes de tudo", o que quer caracterizar, claramente, a opção do legislador do Mercosul em estipular a via diplomática como o principal mecanismo para solucionar controvérsias nessa circunscrição.

Desse modo, prevê o procedimento das mesmas, no artigo 3º, obrigando os Estados-Partes na controvérsia a informarem o Grupo Mercado Comum, por intermédio de sua Secretaria Administrativa, sobre o andamento das negociações e seus resultados. Estipula, ainda, numa clara manifestação da intenção de que sejam as negociações diretas um procedimento breve, um prazo máximo de quinze dias para sua efetivação, salvo acordo entre as partes. Verifica-se que tal previsão corresponde ao instituto de mesmo nome, na esfera do Direito Internacional Público. Não há intervenção de terceiros, e as partes, entre si, devem buscar transigir sobre o conflito. Sua previsão, em nível de Mercosul, confirma a idéia da usualidade dessa figura nas práticas atuais das relações internacionais. Em regra, é a chancelaria a responsável pela condução dessas negociações.

3.2. A intervenção do Grupo Mercado Comum

Não logrando pleno êxito a tentativa das negociações diretas entre os Estados-Partes, qualquer dos conflitantes pode recorrer ao Grupo Mercado Comum, que deverá avaliar a situação, ouvindo as razões das partes e requerendo, se necessário, o assessoramento de especialistas na verificação da materialidade dos fatos. Ao final desse procedimento, o Grupo Mercado Comum formula recomendações aos Estados-Partes na controvérsia, buscando o acordo. Assim como nas negociações diretas, pretende-se não estender no tempo também esse procedimento; para tanto, o mesmo não se pode realizar por mais de trinta dias. Isso é o que prevê o Protocolo de Brasília, em seu capítulo III, artigos 4º, 5º e 6º.

Podemos afirmar, pois, que a Intervenção do Grupo Mercado Comum nada mais é do que a devida correspondência, em nível de Mercosul, do procedimento das comissões de conciliação e inquérito, na esfera do Direito Internacional Público. Inquérito ou investigação que se dá na busca da materialidade dos fatos, inclusive com o auxílio de peritos que, segundo o artigo 30 do mesmo Protocolo, devem ser eleitos, em número de três, pelo Grupo Mercado Comum ou, não havendo acordo, por sorteio de uma lista de vinte e quatro peritos, em que cada Estado-Parte do Mercosul indica seis nomes. Em caso de sorteio, um dos peritos deverá ser elemento neutro na controvérsia. Preparado, pois, o terreno, por essa *preliminar de instância*, como afirma Rezek (1993, p. 349), segue-se a etapa da conciliação, a chamada *mediação institucionalizada* (Mello, 1992, p. 1.078) e, obviamente, coletiva, na forma de uma comissão previamente existente e prevista no Tratado de Assunção como competente para o conhecimento dessas questões, que é o Grupo Mercado Comum. Há representantes de cada Estado-Parte, bem como há elementos neutros, e se busca efetivamente conciliar as partes litigantes, propondo, através de recomendações (relatório) o acordo definitivo, com o devido prazo para que as partes manifestem concordância ou não com a proposta do Grupo Mercado Comum.

Somente se não houver, igualmente, êxito na intervenção do Grupo Mercado Comum, é que se deve recorrer, em última instância, à via jurisdicional prevista, que é a arbitragem. Como se pode notar, vale repetir que o Protocolo de Brasília previu mecanismo predominantemente diplomático, no próprio dizer de Luiz Olavo Baptista (1995), e em se tratando de solução de conflitos entre Estados, entende-se ser uma opção mais que adequada.

3.3. A arbitragem

Havendo, pois, a necessidade de se fazer atuar o procedimento arbitral, qualquer dos Estados-Partes pode comunicar à Secretaria Administrativa do Mercosul sua intenção de fazê-lo. Essa, por sua vez, leva o comunicado ao conhecimento do(s) outro(s) Estado(s) envolvido(s) na controvérsia, bem como ao Grupo Mercado Comum. Inicia-se, assim, a via jurisdicional prevista para solucionar controvérsias entre Estados-Partes no âmbito do Mercosul. As regras para esse procedimento se encontram dispostas nos artigos 7º a 24 do Protocolo de Brasília. O artigo 8º do referido diploma legal constitui-se, propriamente, na cláusula arbitral referida no item sobre a arbitragem no Direito Internacional Público. Sua disposição faz com que seja desnecessário acordo especial e ocasional para que se constitua o juízo arbitral, após esgotadas as outras instâncias legais. Trata-se de arbitragem do tipo obrigatória ou permanente.

A composição do tribunal arbitral *ad hoc*, regulada nos artigos 9º a 14, se dá por três árbitros pertencentes a uma lista de quarenta, entre juristas de reconhecida competência nas matérias que possam ser objeto de controvérsia, a qual fica registrada na Secretaria Administrativa, onde cada um dos Estados-Partes indica dez árbitros. Cada Estado-Parte na controvérsia escolhe um árbitro, sendo que o terceiro, que não pode ser nacional de nenhuma das partes, é designado de comum acordo entre elas. Não havendo indicação por parte de um dos litigantes, a Secretaria Administrativa pode fazê-lo, assim como pode designar sorteio do terceiro árbitro, quando não haja acordo entre as partes.

Segundo se depreende do artigo 15 do mesmo Protocolo, o tribunal arbitral tem poderes para fixar sua sede, bem como para adotar suas próprias regras de procedimento, desde que seja garantida a plena oportunidade de manifestação das partes. O artigo 16 prevê que os Estados-Partes na controvérsia informarão o tribunal arbitral sobre as instâncias cumpridas anteriormente ao procedimento arbitral, bem como farão breve exposição dos fundamentos de fato e de direito de suas respectivas posições. O artigo 17 diz que os Estados-Partes na controvérsia designarão seus representantes ante o tribunal arbitral, podendo também designar assessores para a defesa de seus direitos. Já o artigo 18 traz, para o procedimento arbitral a ser exercido no Mercosul, a possibilidade de que sejam ditadas medidas provisionais apropriadas, por solicitação da parte interessada e havendo presunções fundadas de danos graves e irreparáveis a uma das partes, tal qual nas medidas cautelares e nas antecipações de tutela de nosso processo civil. Por força do artigo 19, o direito em questão - e que, em se tratando de uma via jurisdicional, deve ser fielmente observado - deve estar fundamentado no Tratado de Assunção, nos acordos celebrados no âmbito do mesmo, nas decisões do Conselho Mercado Comum, nas resoluções do Grupo Mercado Comum, bem como nos princípios de direito internacional aplicáveis à matéria. Além desses fundamentos, há também um outro acrescido pelo parágrafo único do artigo 43 do Protocolo de Ouro Preto, que são as diretrizes da Comissão de Comércio do Mercosul. Entretanto, se as partes convierem, o tribunal arbitral está facultado a decidir uma controvérsia *ex aequo et bono*, ou seja, pelos princípios de eqüidade. O pronunciamento do tribunal arbitral, segundo o artigo 20, para fins do laudo (leia-se sentença) arbitral, deve ser feito por escrito e no prazo de sessenta dias, prorrogáveis por trinta dias, no máximo, a partir da designação do seu presidente. Tal laudo deverá ser adotado por maioria, devendo, como qualquer sentença, estar devidamente fundamentado e firmado pelo presidente e demais árbitros. É ele inapelável, embora a posição de alguns jus-internacionalistas, que entendem ser possível revisar sentenças arbitrais. Essas, todavia, como toda sentença, são obrigatórias para as partes, tendo, relativamente às mesmas (efeito *inter partes*), força de coisa julgada, devendo ser cumpridos no prazo de quinze dias. Eis aqui presente a idéia de compartilhamento da soberania, em que o poder coativo da comunidade toma o espaço do poder coativo individualizado de cada Estado. O cumprimento a essa coação, todavia, depende, como dito, da boa-fé dos Estados-Partes, o que ainda distancia o procedimento judicial internacional da verdadeira efetividade com que pode revestir-se o processo civil interno, devido à existência, nesse plano, do processo de execução. Os Estados-Partes, mesmo não podendo apelar, podem solicitar um esclarecimento do laudo, o que corresponde ao "pedido de interpretação" presente na doutrina jus-internacionalista, algo como os embargos declaratórios do processo civil (Rezek, 1993, p. 357). O tribunal arbitral ainda pode suspender o seu laudo, se assim considerar exigível, segundo as circunstâncias. O não-cumprimento do laudo arbitral por um dos Estados-Partes permite aos demais a adoção de medidas compensatórias visando ao seu cumprimento efetivo. Por fim, as despesas ocasionadas pela atividade do árbitro devem ser custeadas pelo Estado que o nomeou, assim como as despesas do presidente do tribunal e as demais do tribunal arbitral serão custeadas em montantes iguais pelos Estados-Partes na controvérsia, a menos que o tribunal arbitral estipule de modo diferente.

4. Considerações finais

É notório que as maiores imperfeições que se podem perceber no exercício da função judiciária de determinado Estado dizem respeito à morosidade e aos elevados custos com que se deparam os processos judiciais. Tudo isso porque o imenso número de conflitos de interesses, gerando demandas institucionalizadas em ritmo demasiadamente acelerado, afora os apegos formalistas e tecnicistas de muitos operadores jurídicos, encerram por travar de modo brusco o desempenho da atividade jurisdicional. Certamente a forma é elemento essencial no desenvolvimento do processo, mas uma coisa é haver forma e outra é haver formalismo, entendido como o apego extremo aos aspectos formais do processo, irrelevando-se, muitas vezes, o próprio direito e, por conseguinte, a própria justiça. Dessa forma, é possível considerar que os equivalentes jurisdicionais são alternativas plenamente viáveis a substituir, em certos casos especiais, a jurisdição. E dentro desse quadro de especialidade, certamente podemos inserir os conflitos oriundos das relações entre Estados, devido às muitas particularidades de que se reveste o trato entre os mesmos, tendente muito mais às formas transacionais ou mediadoras do que propriamente ao primado do direito, sem jamais afastar princípios básicos como a eqüidade, a justiça e a harmonia. É por isso que se entende que as negociações diretas, a intervenção do Grupo Mercado Comum (mediação) e a arbitragem constituem-se em formas adequadas à solução de conflitos entre Estados-Partes no âmbito do Mercosul.

Quanto à instituição de um tribunal permanente, há que se considerar, a nosso ver, duas situações: quando os conflitos versem entre Estados e quando os conflitos versem entre particulares, ou entre particulares e Estados. Na primeira situação, não tanto pela idéia de ofensa ao princípio da soberania, haja vista a manifestação, no decorrer do presente artigo, de posição favorável a uma compreensão mais atual do significante *soberania*, sob o prisma do compartilhamento entre os países de uma comunidade integrativa, mas pela particularidade das disputas, optou-se pelos procedimentos correspondentes aos equivalentes jurisdicionais, haja vista que *pars inter parem non habet imperium* e que, portanto, a melhor saída para um conflito internacional é, sem dúvida, a diplomática ou, em última instância, a arbitral, pela maior flexibilidade de escolha pelas partes, tanto da regra aplicável, como dos árbitros. No entanto, quando os conflitos versam entre particulares, ou entre particulares e Estados, parece que a solução judiciária vislumbra-se como uma alternativa mais coerente e adequada, pelas próprias características que revestem os processos judiciais, pela maior observância do direito positivo, pela igual consideração das partes, nos distintos pólos da relação, pela maior reflexão que se dedica às questões que são objeto de demanda, enfim, por todas as peculiaridades que sabe-se existir no processo judicial. Não seria coerente colocar frente a frente, sob a via diplomática, *verbi gratia*, numa negociação, uma pessoa física e um Estado, posto que esse teria inúmeras vezes maior poder de barganha e de transação, na eventual disputa.

Todavia, como aqui se propôs o tratamento da solução de conflitos entre os Estados-Partes do Mercosul, entende-se que as formas atualmente previstas parecem ser as adequadas para essas situações, em especial. Diz-se "parecem", pois que não se pode concluir, com precisão, acerca da efetividade desses instrumentos, devido à quase inexistência de casos concretos, o que é uma realidade contemporânea, já que o Mercosul ainda se encontra na fase da criança que aprende a dar, com ânimo e insistência, os seus primeiros passos, rumo à real integração dos povos dos países que dele fazem parte.

III

Competência internacional no Brasil e no Mercosul

FABIANA MARCON
KÁTIA RADJÁ CARDOSO DA COSTA
Pesquisadoras do Núcleo de Estudos Jurídico-Processuais do Mercosul, vinculado ao DPP/CCJ/UFSC.

SUMÁRIO: 1. Considerações iniciais; 2. Competência internacional: conceito e natureza; 3. Competência internacional no direito brasileiro; 4. Competência internacional no Mercosul; 5. Compatibilidades e antinomias das normas do Mercosul com o direito brasileiro, em matéria de competência internacional; 6. Considerações finais.

1. Considerações iniciais

A grande tendência mundial contemporânea é a união dos países em blocos, com finalidades diversas, principalmente a integração econômica, como nos casos da União Européia e do Mercosul. Nesse contexto surgirão, necessariamente, conflitos de âmbito internacional, a exigirem soluções adequadas e efetivas.

Um dos maiores entraves à adoção de medidas resolutivas, nesse âmbito, é a da competência internacional, isso porque o cidadão de um Estado poderá não aceitar submeter-se à jurisdição do Estado a que pertence o sujeito de direito com o qual possui um conflito e vice-versa. Este trabalho propõe-se exatamente a fazer algumas considerações a respeito dessa complexa questão: a competência e a jurisdição internacional dos tribunais nacionais para resolverem litígios que envolvam pessoas ou bens nacionais de outros Estados, ou domiciliados ou situados no estrangeiro. A descrição e análise recaem especificamente sobre as normas atinentes a essa matéria vigentes no Brasil e no Mercosul.

2. Competência internacional: conceito e natureza

O fato internacional se caracteriza por seu contato com meios sociais independentes, seja pela nacionalidade ou domicílio das pessoas, pela situação dos bens, etc. Não há, portanto, um direito próprio que lhe possa ser aplicado prévia e automaticamente. Segundo Osíris Rocha (1986, p. 4), para que houvesse direito para tal fato, seria necessária a existência de organização supranacional, ou, no mínimo, de um tribunal supranacional competente para, entre vários direitos, preferir um, numa escolha que se impusesse a todos os países. Inexistindo esse tribunal, duas questões colocam-se de imediato: (a) qual direito será aplicado; e (b) a quem compete aplicar esse direito. Essas questões são respondidas pelo Direito Internacional Privado e pelo Direito Processual Internacional.

Denomina-se Direito Internacional Privado aquele direito interno de cada país, que contém normas que autorizam o juiz nacional a aplicar o direito estrangeiro adequado ao fato internacional. É ele um conjunto de regras e princípios adotados para a escolha do direito aplicável ao fato internacional. Permite, portanto, que um sistema jurídico reconheça regra de direito vigente em outro Estado e que, na apreciação de certas relações jurídicas, sejam aplicadas normas pertencentes a esse direito estrangeiro. Nesses casos não existe, então, um conflito interespacial de leis. Para Caio Mário da Silva Pereira (1994, p. 111), "ao contrário, portanto, de um conflito, o que existe é uma conciliação, levada a efeito pelo órgão jurídico, entre duas ou mais ordens jurídicas na extração de uma norma que, aplicada ao caso dado, forneça uma solução de justiça." Segundo Osíris Rocha (1986, p. 4), "para presidir essa escolha, que deve levar em conta a natureza peculiar do fato internacional, é que existe o Direito Internacional Privado que, especificamente, dá ordem ao juiz local para aplicar outro direito que não o local."

É preciso, porém, como alerta Osíris Rocha (*apud* Negi Calixto, 1987, p. 55), não esquecer que essa aplicação não se faz por mandamento do direito estrangeiro, que, por si mesmo, não vale no foro, ou seja, onde o fato está sendo apreciado. Ela se dá em virtude da ordem inserida na norma de Direito Internacional Privado local, isso é, dada a autonomia de cada jurisdição, o direito estrangeiro corresponde a dois fatos: um, o de que, lá no estrangeiro, aquela é a norma; outro, o de que essa norma, como mandamento cogente, vale lá no estrangeiro, mas não no foro local. Por conseqüência, a aplicação que dela se faz nesse, decorre, exclusivamente, da autorização dada pela norma de Direito Internacional Privado, ao juiz nacional, para que assim proceda.

Entretanto, além de definir o direito material a ser aplicado, é necessário também definir qual o órgão competente para julgar o fato internacional. Ou seja, é necessário estabelecer a quem cabe o exercício do poder jurisdicional. Nessas situações fixa-se a competência internacional, o que ocorre quando a justiça de um Estado participa, direta ou indiretamente, em controvérsia onde se justificaria a intervenção do Poder Judiciário de outro Estado. Refere-se, portanto, à competência jurisdicional, e não à legislativa.

Nesse aspecto, fala-se, com maior propriedade, em um Direito Processual Internacional, constituído de normas que regulam situações inerentes ao processo civil (competência internacional, cooperação jurisdicional, ...). Como explica Morelli (1953, p. 2), "las normas de derecho estatal externo que tienen por su objeto el caracter de normas de derecho procesal civil, constituyen el *derecho procesal civil internacional*. Son normas de derecho procesal civil que toman su razón de ser del hecho de la existencia de Estados extranjeros." Como no Direito Internacional Privado, o caráter internacional dessas normas decorre do fato de procurarem regular aspectos internacionais, e não do fato de serem, efetivamente, normas internacionais.

A noção de competência internacional é, nesse sentido, parte de um Direito Processual Internacional. Segundo Luiz Olavo Baptista (1977, p. 371), "nela se procura determinar se o litígio será resolvido pelos tribunais do Estado A ou B, podendo-se mesmo afirmar que se trata antes de problemas de conflito de jurisdição entre Estados e não de competência de juízes ou tribunais".

Nesse sentido, em realidade, essas normas referem-se à própria jurisdição, definindo quando pode, ou não, atuar a função jurisdicional do Estado. Isso porque a chamada competência internacional mais tem a ver com o poder de julgar do que com a distribuição de atribuições. Essa competência existe em razão dessa soberania através da qual o Estado reserva para si o poder-dever de julgar aqueles casos, não lho permitindo às nações estrangeiras.

Portanto, as normas que fixam a competência internacional (excluídas aquelas que fixam a competência dos tribunais internacionais, fundada no Direito Internacional Público) são, regra geral, de origem interna e se aplicam às situações em que há elemento alienígena. A relação jurídica é que está ligada à ordem jurídica de mais de um Estado, pelo que é denominada de internacional. Quando um litígio relacionado a fatos, pessoas ou bens situados num Estado é submetido aos tribunais de outro, isso decorre da aplicação dessas normas, que com maior propriedade, em razão do seu objeto, fixam a jurisdição internacional, e não a competência[1].

É importante salientar que, embora seja comum a doutrina apresentar as normas de Direito Internacional Privado e de Direito Processual Internacional como tendo origem interna, essa não é, necessariamente, obrigatória. Há convenções e tratados internacionais, através dos quais um grupo de Estados adota os mesmos princípios e regras nessa matéria. Essa é, inclusive, uma tendência contemporânea. A OEA, por exemplo, já realizou cinco Conferências Interamericanas sobre Direito Internacional Privado (CIDIP), sendo que um número expressivo das convenções e protocolos nelas aprovados foi ratificado por todos os Estados-Partes do Mercosul. É o que ocorre também no âmbito do próprio Mercosul, quando através de protocolos específicos há, por exemplo, a fixação de regras sobre domicílio e competência.

3. Competência internacional no direito brasileiro

No Brasil, a competência internacional é tratada principalmente pelo Código de Processo Civil (CPC),

---

[1] Neste artigo, utilizar-se-ão, indistintamente, as expressões *competência internacional* e *jurisdição internacional*, destacando que a legislação brasileira privilegia a primeira, e os protocolos do Mercosul, a segunda.

embora também encontrem-se normas dessa natureza na Lei de Introdução ao Código Civil (LICC), que se constitui num conjunto de normas, aplicável a toda a ordem jurídica pátria, indicando critérios para sua aplicação, integração e interpretação, bem como o seu âmbito de vigência, esse em suas dimensões pessoal, espacial e temporal.

O CPC determina, no seu artigo 1, a extensão territorial da jurisdição, que contém dois princípios fundamentais: (a) a atribuição aos órgãos do Judiciário, do poder judicante; e, (b) a extensão desse poder a todo o território nacional. A presença de qualquer elemento alienígena na relação processual obrigará o juiz a examinar a competência internacional. Só depois examinará sua própria competência.

A competência internacional da justiça brasileira é regida pelos artigos 88 a 90 do CPC, sendo que o artigo 88 estabelece a competência concorrente, e o artigo 89, a competência absoluta. O fato de não ser exclusiva a competência brasileira (art. 88) não significa que aceitar-se-á sentença estrangeira. Para tanto, segundo Barbosa Moreira (1994, p. 140), será necessário: (a) que as partes tenham acordado em eleger o foro de outro Estado; e (b) que, proposta a ação em outro Estado, o réu submeta-se à respectiva jurisdição, apresentando defesa perante o juiz estrangeiro.

Não há regra principal na fixação da competência internacional do juiz brasileiro, mas sim pressupostos não-cumulativos, cada um válido isoladamente (Barbosa Moreira, 1994, p. 140). O primeiro deles, inserido no artigo 88, inciso I, do CPC estabelece que é competente a justiça brasileira quando o réu for domiciliado no Brasil. No mesmo sentido, dispõe o artigo 12, *caput*, da LICC.

A lei brasileira não estabelece distinções entre nacionais e estrangeiros, principalmente no que tange à competência em razão da matéria e da pessoa. Por isso, o abandono, nesse campo, do critério da nacionalidade.

Conclui-se que as normas de competência aplicam-se a pessoas físicas ou jurídicas, de direito público ou privado. A noção legal de domicílio de pessoas físicas e a correspondente para pessoas jurídicas encontram-se nos artigos 31 a 42 do Código Civil[2]. No que se refere às pessoas jurídicas estrangeiras encontra-se no artigo 888, parágrafo único, do CPC[3]. Não tendo domicílio a pessoa, considerar-se-á domiciliada no lugar de sua residência ou naquele onde se encontre (LICC, art. 7, § 8).

Ao lado do critério do domicílio, estabelece o CPC, em seu artigo 88, inciso II, a competência da justiça brasileira quando aqui tiver de ser cumprida a obrigação e, no mesmo artigo, em seu inciso III, quando estabelece que será competente a autoridade brasileira quando o fato que der origem à ação ocorrer ou for praticado no país. Estabelece o artigo 89 do CPC que será competente a justiça pátria em detrimento de todas as outras em dois casos: (a) quando se tratar de ações relativas a imóveis situados no Brasil (art. 89, inciso I). No mesmo sentido, a LICC em seu artigo 12, § 1º. Sobre essa regra de fixação da competência internacional, há divergências interpretativas, afirmando uma corrente que só se aplica às questões que envolvam direito real (por exemplo, reivindicatória de posse) e outra que se aplica a todas as ações relativas a imóveis situados no Brasil (sendo essa a aplicada pelo STF); e (b) quando o inventário ou partilha

---

[2] O artigo 31 do Código Civil considera domicílio civil da pessoa física o lugar onde ela estabelece sua residência com ânimo definitivo. Quanto às pessoas jurídicas, considera-se domicílio da União o Distrito Federal; dos estados, as respectivas capitais; do município, o lugar onde funcione sua administração; e das demais pessoas jurídicas, o lugar onde funcionem suas diretorias e administração ou o domicílio eleito nos seus estatutos (art. 35 incisos I, II, III, do Código Civil).

[3] Conforme o citado artigo, reputa-se domiciliada no Brasil a pessoa jurídica estrangeira que aqui tiver agência, filial ou sucursal. Entretanto, a doutrina interpreta restritivamente tal dispositivo, dizendo que só é aplicável às ações oriundas de atos daquelas agências, filiais ou sucursais sediadas em território nacional, pois só tais ações é que interessarão à ordem jurídica nacional.

for de bens situados no Brasil, mesmo que o autor da herança seja estrangeiro e tenha residido fora do território nacional (art. 89, inciso II). Entende-se que só será aplicada essa regra de fixação da competência internacional à partilha *causa mortis*, não sendo, portanto, aplicada àquela derivada de separação ou divórcio[4]. Quanto a essa questão, prescreve a LICC que a sucessão *causa mortis* ou por ausência, rege-se pela lei do domicílio do *de cujus* ou do desaparecido (art. 10, *caput*); e que a sucessão, em bens de estrangeiro situados no Brasil, rege-se pela lei nacional, em benefício do cônjuge brasileiro e dos filhos (art. 10, § 1º).

Se for instaurado o mesmo processo primeiro em outro país e depois no Brasil, pelo artigo 90 do CPC, tal fato não terá relevância para o juiz brasileiro, que lho poderá conhecer, de forma que a alegação de litispendência poderá ser rejeitada.

Também, apesar de não expressas na lei, são da competência da jurisdição brasileira as causas de jurisdição voluntária. Diz a doutrina que as lacunas nessa matéria devem ser preenchidas pelas regras de competência interna, firmando a competência internacional da justiça brasileira.

Nos casos em que falte base legal para se firmar a competência internacional, se da justiça brasileira, ou se da alienígena, admite-se que a justiça nacional dê-se por competente, desde que exista algum elemento de ligação entre a causa e o país.

A citação e a comunicação de atos processuais, bem como a cooperação jurisdicional em geral, no plano internacional, serão feitas através de carta rogatória, instrumento próprio para a requisição ou informação de ato processual por juiz nacional a juiz estrangeiro e vice-versa. Ao STF compete conceder o *exequatur* à

---
[4] Nesse caso a competência é da justiça do Estado ao qual os cônjuges se submeteram como nacionais e onde residiam e possuíam domicílio (Barbosa Moreira, 1994, p. 144).

rogatória, para que seja cumprida no Brasil, não interessando ao Supremo Tribunal a reciprocidade do Estado rogante, se está de acordo com a lei do mesmo, ou se foi expedida por justiça competente (Barbosa Moreira, 1994, p. 149).

A sentença estrangeira, para ser cumprida no Brasil, necessita de um processo homologatório pelo STF, de acordo como as normas do seu regimento interno. A homologação limita-se à verificação de certos requisitos essenciais. Não se examina o mérito da sentença, mas apenas seus elementos extrínsecos, bem como se seu conteúdo não é contrário à soberania nacional, à ordem pública e aos bons costumes (LICC, art. 17).

Já as sentenças declaratórias do estado das pessoas estão dispensadas dessa homologação, segundo o artigo 15, parágrafo único, da LICC. Essa dispensa é, entretanto, questionável, tendo em vista que o artigo 102, inciso I, alínea *h*, da Constituição Federal, determina ser competência originária do STF a *homologação das sentenças estrangeiras*, sem estabelecer qualquer exceção.

Para fins de homologação, equiparam-se às decisões judiciais estrangeiras, as proferidas por órgãos não-jurisdicionais, mas no exercício de tais funções, como os laudos e sentenças arbitrais.

A LICC dispõe também sobre os requisitos principais para que uma sentença proferida no estrangeiro seja executada no Brasil (art. 15): (a) ser proferida por juiz competente; (b) terem as partes sido regularmente citadas ou ter-se verificado legalmente a revelia; (c) ter a sentença transitado em julgado e ser passível de execução no lugar onde foi prolatada; (d) estar acompanhada de tradução oficial; e (e) ter sido homologada pelo STF.

Segundo Calixto (1987, p. 59), duas vantagens podem ser apontadas com o sistema da delibação, pelo qual se adequa a sentença estrangeira a certos requisitos legais nacionais: (a) respeita-se a soberania estrangeira, através do reconhecimento da decisão judicial prolatada por um de seus órgãos jurisdicionais; e (b) satisfaz-se o interesse do Estado onde se executará a sentença.

No que se refere à competência internacional, é bom ressaltar também o que dispõe a nova lei de arbitragem brasileira, relativamente às sentenças e laudos arbitrais estrangeiros. De acordo com o artigo 35 da Lei nº 9.307/96, para ser reconhecido e executado no Brasil, o laudo ou sentença está sujeito, unicamente, à homologação pelo Supremo Tribunal Federal. O procedimento de homologação é regulado pelo regimento interno do mesmo tribunal.

4. Competência internacional no Mercosul

No Mercosul existem, vigorando, dois protocolos que tratam da jurisdição internacional. São eles o de Buenos Aires (Protocolo sobre Jurisdição Internacional em Matéria Contratual) e o de Las Leñas (Protocolo sobre Cooperação e Assistência Jurisdicional em Matéria Civil, Comercial, Trabalhista e Administrativa).

Há, outrossim, dois outros protocolos que tratam da matéria: o Protocolo sobre Responsabilidade Civil Emergente de Acidentes de Trânsito entre os Estados-Partes do Mercosul e o Protocolo sobre Jurisdição Internacional em Matéria de Relações de Consumo. O primeiro deles, entretanto, embora aprovado pelo Conselho do Mercado Comum em julho de 1996, através da Decisão nº 01/96, não foi ainda, no Brasil, aprovado pelo parlamento. O segundo, aprovado em dezembro de 1996 pela Decisão nº 10/96 do CCM, sequer foi encaminhado ao Congresso Nacional. Em razão disso, priorizar-se-á aqui a análise dos Protocolos de Buenos Aires e de Las Leñas, tendo em vista serem os únicos vigentes neste momento.

O Protocolo de Buenos Aires estabelece a solução judiciária para os conflitos decorrentes de contratos internacionais civis e comerciais celebrados entre particulares (pessoas físicas ou jurídicas), desde que ao menos uma das partes tenha domicílio ou sede social em um Estado-Parte do Mercosul e haja foro de eleição (por escrito) em favor de um juiz de um Estado-Parte[5]. A eleição de foro será dispensada se ambos os litigantes forem membros do Mercosul. No entanto, esse Protocolo não se aplicará às relações jurídicas entre falidos e seus credores e procedimentos semelhantes, a acordos de direito de família e sucessões[6], aos direitos reais[7], aos contratos de seguridade social, de trabalho, de venda ao consumidor, de transporte, de seguro e administrativos.

O Capítulo II, do citado Protocolo, dispõe a respeito da jurisdição subsidiária, tendo aplicação na ausência de acordo sobre o foro. Em tal caso, será competente, à escolha do autor, o juízo do lugar do cumprimento da obrigação[8], do domicílio do réu[9], ou do seu próprio domicílio[10] ou sede social, quando já cumprida a sua prestação.

---

[5] Dispõe o título II, capítulo I, artigo 6 desse Protocolo que, ainda que eleita a jurisdição, considerar-se-á prorrogada em favor do Estado-Parte onde for proposta a ação, se o demandado admiti-la voluntariamente de forma positiva e não-ficta.

[6] Segundo o artigo 89, inciso II, do CPC, é competência absoluta da justiça brasileira proceder a inventário e partilha de bens situados no Brasil.

[7] Estabelece o artigo 89, inciso I, do CPC, a competência absoluta da justiça brasileira para conhecer de ações relativas a imóveis situados no Brasil. No mesmo sentido, artigo 12, parágrafo 1, da LICC.

[8] Dispõe o artigo 88, inciso II, do CPC, a competência concorrente da justiça brasileira nos casos em que a obrigação deva ser cumprida no Brasil. No mesmo sentido, artigo 12 *caput*, *in fine*, da LICC.

[9] Segundo o artigo 88, inciso I, do CPC é competente a justiça brasileira quando o réu, independentemente da sua nacionalidade, for domiciliado no Brasil. No mesmo sentido, artigo 12, primeira parte, da LICC.

[10] De acordo com o artigo 94, parágrafo único, do CPC, não sendo o réu domiciliado nem possuindo residência no Brasil, será competente o foro do domicílio do autor.

Considera-se cumprida a obrigação, nos casos de contratos que versem sobre coisas certas e individualizadas, ou serviços que recaiam sobre as mesmas, no local onde elas existiam ao tempo da celebração. Nos casos de contratos que versem sobre serviços cuja eficácia relaciona-se com algum lugar específico, considera-se cumprida a obrigação em tal lugar. E, por fim, no domicílio do devedor, em contratos que versem sobre coisas incertas ou fungíveis e que versem sobre serviços, nos casos não-previstos.

Ainda estabelece o Protocolo de Buenos Aires o que se deve entender por domicílio do réu. Sendo ele pessoa física, entender-se-á por tal sua residência habitual ou centro principal de seus negócios ou a simples residência, sucessivamente. Sendo ele pessoa jurídica, entender-se-á como domicílio, a sede principal da sua administração. Tendo sucursais, estabelecimentos, agências ou qualquer outra espécie de representação, o lugar onde funcionem no que se referir às ações ali praticadas[11].

Estabelece ainda o Protocolo de Buenos Aires, em seu título II, capítulo I, artigo 4º, item 2, que as partes podem eleger, para a solução da lide, tribunais arbitrais[12][13]. Essa regra é fundamental, pois, no âmbito

---

[11] Estabelece o artigo 88, parágrafo único, do CPC, que se entende por domiciliada no Brasil a pessoa jurídica estrangeira que aqui tiver agência, filial ou sucursal. De acordo com o artigo 35, parágrafo 4, do Código Civil, tendo a administração ou diretoria da pessoa jurídica sede no estrangeiro, considerar-se-á seu domicílio, no que se refere às obrigações contraídas por uma de suas agências, o lugar do estabelecimento situado no Brasil a que ela corresponder.

[12] Consiste a arbitragem na solução da lide por intermédio de um terceiro, alheio à controvérsia, escolhido, via de regra, pelas partes, ao contrário da jurisdição, que se caracteriza pela resolução de controvérsias transfronteiriças através de tribunal de um Estado-Membro, ao qual é conferida competência através de Tratado, Protocolo ou, ainda, contrato internacional. É através do compromisso que as partes confiam a solução do litígio a árbitros, instituindo o juízo arbitral. O compromisso pode ter como pressuposto a cláusula compromissória, contida no contrato que dá origem à arbitragem, e que é representado pela promessa de acordar o compromisso no caso de surgir eventual conflito. Trata-se de obrigação de fazer. O juízo arbitral torna-se efetivo quando os litigantes estabelecem acordo quanto aos árbitros

privado internacional, as controvérsias também poderão ser resolvidas através da arbitragem, que se regulará conforme as regras expressas no direito interno do Estado onde se instalar o juízo arbitral[14][15].

O Protocolo de Las Leñas garante o livre acesso dos cidadãos e residentes permanentes de um dos Estados-Partes do Mercosul à jurisdição dos demais Estados-Partes, para a defesa de seus direitos e interesses. Trata ele, em especial, da assistência jurisdicional mútua, estabelecendo que sendo aforada ação que verse sobre matéria civil, comercial, administrativa ou trabalhista em um Estado-Parte e necessitando ele obter provas ou realizar diligências de simples trâmite (citações, intimações, citações com prazo definido, notificações ou similares) em outro Estado-Parte, poderá solicitar que seja feito por carta rogatória. Essa deverá ser cumprida de ofício pela autoridade jurisdicional competente do Estado requerido, que só poderá denegá-la quando atentar contra seus princípios de ordem pública. Ele será competente para

---

e ao objeto. O compromisso pode ser judicial (quando houver causa já aforada, mediante termo nos autos) ou extrajudicial (por meio de escrito público ou particular assinado pelas partes e por duas testemunhas). Por ocasião do compromisso, as partes devem indicar os árbitros, sempre em número ímpar. Considera-se instituído o juízo arbitral quando o árbitro ou árbitros aceitam a nomeação. Também faculta às partes estabelecer o procedimento a ser aplicado no juízo arbitral. Aos árbitros, regra geral, é vedado o emprego de medidas coercitivas e a decretação de medidas cautelares. Tais medidas devem ser solicitadas ao juízo competente.

[13] Há uma proposta brasileira, intitulada "Protocolo sobre Solução de Controvérsias Privadas", que elege a arbitragem como principal instrumento para a solução das controvérsias privadas. Esse anteprojeto foi apresentado pela advogada Selma M. Ferreira Lemes ao Ministério das Relações Exteriores no mês de outubro de 1996, mas ainda não foi apreciado pelo CMC.

[14] No sistema jurídico brasileiro, segundo a Lei nº 9.307/96, sendo o litígio relativo a direitos patrimoniais e admitindo a lei transação sobre eles, podem as partes afastar a intervenção judicial e fazer um compromisso, confiando a árbitros a solução de suas pendências.

[15] Há, contemporaneamente, ratificada por todos os Estados-Partes do Mercosul, e portanto vigente no âmbito do Mercado Comum, a Convenção Interamericana sobre Arbitragem Comercial.

conhecer das questões suscitadas quando do cumprimento da diligência solicitada.

O mesmo protocolo estabelece que o pedido de reconhecimento, execução de sentenças e laudos arbitrais, por parte das autoridades jurisdicionais, deverá ser feito via cartas rogatórias e por intermédio da autoridade central. Para que tais sentenças e laudos arbitrais tenham eficácia extraterritorial nos Estados-Partes, devem preencher determinados requisitos. O primeiro é que estejam revestidos das formalidades externas exigidas para serem considerados autênticos no Estado de origem. O segundo é que estejam devidamente traduzidos para o idioma oficial do Estado solicitado, assim como os documentos a eles anexados. O terceiro exige que emanem do órgão jurisdicional ou arbitral competente de acordo com o previsto no Protocolo de Buenos Aires[16]. O quarto é a exigência da devida citação e da garantia do pleno direito de defesa à parte executada. O penúltimo torna obrigatória a força de coisa julgada e/ou executória da decisão no Estado que a proferiu. E, finalmente, exige-se que a sentença ou o laudo arbitral não contrarie os princípios de ordem pública do Estado no qual se solicita o reconhecimento e/ou execução.

5. Compatibilidades e antinomias das normas do Mercosul com o direito brasileiro, em matéria de competência internacional

Na análise das compatibilidades e possíveis antinomias existentes entre o ordenamento jurídico interno brasileiro e a normas do Mercosul, em matéria de fixação da competência internacional, dividir-se-á a matéria em dois momentos: (a) aquelas situações nas quais, segundo o CPC, há competência absoluta da justiça

---
[16] Vide Título III, artigo 14.

brasileira; e (b) aquelas situações nas quais, segundo o mesmo texto legal, há competência relativa (ou concorrente) dessa justiça.

Relativamente à competência absoluta, o artigo 89 do CPC a determina, como visto anteriormente, em duas situações específicas: (a) quando a ação versar sobre bem imóvel situado no Brasil; e (b) quando o inventário ou a partilha for de bens situados no Brasil. Nessa matéria não se pode falar, neste momento, quer em compatibilidade, quer em antinomia, tendo em vista a inexistência de sua normatização no âmbito do Mercosul, haja vista que o Protocolo de Buenos Aires, em seu artigo 2º, itens 2 e 9, exclui expressamente a sua aplicação nas ações oriundas do direito de família e sucessões e naquelas que versem sobre direitos reais e que o Protocolo de Las Leñas não trata dessa matéria.

Em se tratando de competência relativa da justiça brasileira, segundo o artigo 88 do CPC, ocorre ela quando: (a) o réu for domiciliado no Brasil; (b) a obrigação tiver de ser cumprida em território brasileiro; e (c) o fato que der origem à ação ocorrer ou for praticado no país. O CPC determina também, em seu artigo 90, que mesmo instaurado em outro Estado o processo, isso não impede o juiz brasileiro de conhecer da demanda.

No âmbito do Mercosul, o principal critério de fixação da jurisdição internacional definido no Protocolo de Buenos Aires é o da eleição (art. 4º), permitindo também a prorrogação da jurisdição quando o demandado, depois de proposta a ação, admita, de forma expressa, a modificação (art. 6º). Ao lado desses princípios, o Protocolo estabelece os critérios para definição da jurisdição subsidiária (art. 7º), a escolha do autor, quando não houver jurisdição previamente eleita. São eles: (a) o lugar de cumprimento do contrato; (b) o domicílio do demandado; e (c) o seu próprio domicílio ou sede social, quando demonstrar que cumpriu a sua parte da obrigação.

Como é fácil perceber, em nível de critérios de fixação da competência internacional, não há diferenças de porte entre os dois conjuntos normativos. As duas questões centrais que se colocam são: (a) a autorização presente no CPC para que o juiz brasileiro conheça da demanda, mesmo se já houver litispendência; e (b) a atribuição ao autor, pelo Protocolo de Buenos Aires, do poder de escolha da jurisdição competente, entre as estabelecidas no próprio Protocolo, quando não houver a sua prévia eleição.

A primeira delas é fundamental, tendo em vista que permite alguns desdobramentos, entre os quais cabe destacar: (a) a possibilidade de que a parte que tenha, pela legislação interna, direito à jurisdição brasileira, deseje optar por ela, mesmo tendo contratualmente eleito outra; e (b) a possibilidade de que a parte que tenha, da mesma forma, direito à jurisdição brasileira, tendo expressamente aceito a outra jurisdição, onde foi proposta a demanda, venha posteriormente propor a ação no Brasil, ou questionar a validade da sentença estrangeira. No que se refere à segunda, os principais problemas relativos ao conflito de competências ocorreriam quando o autor escolhesse uma jurisdição diferente da brasileira, sendo que o réu teria direito a essa pelas normas contidas no CPC.

A análise dessas questões pode ser realizada isoladamente ou em conjunto. Além disso, no que se refere ao primeiro grupo, poder-se-ia também realizá-la sob o aspecto ético. Optar-se-á, aqui, por uma análise em conjunto e preponderantemente técnica, pois acredita-se que a resposta que essa propicia já resolve, *de per si*, todos os aspectos individuais e éticos envolvidos.

É necessário, em primeiro lugar, deixar claro que quando a legislação nacional fixa critérios para a definição da competência internacional da justiça brasileira, o faz pensando no conflito com legislação alienígena, e não no conflito com normas de direito internacional, das quais o Brasil é signatário. Ou seja, as normas contidas no CPC, relativamente a essa matéria, possuem como caraterística a subsidiariedade, aplicando-se em todas aquelas situações onde não houver norma internacional específica. Em segundo lugar, é necessário destacar que a norma internacional, para possuir aplicação interna pelo juiz brasileiro, precisa ser aprovada pelo parlamento e promulgada pelo Presidente da República, sendo então incorporada ao ordenamento jurídico interno. Nesse sentido, havendo norma internacional absorvida pelo ordenamento jurídico interno, equivale ela, hierarquicamente, à legislação ordinária, não havendo, regra geral, a revogação da norma interna, até porque, de forma quase absoluta, as normas internacionais atingem apenas os seus signatários, sendo necessário preservar a norma interna para as situações que envolvam Estados que não sejam partes do acordo internacional. Nessas situações, o que pode ocorrer, portanto, é o surgimento de antinomias, que são, regra geral, apenas aparentes.

Na situação especifica do Mercosul, tem-se um acordo internacional que estabelece regras sobre a fixação da jurisdição internacional nos casos expressamente definidos e no âmbito do Mercado Comum, atingindo, portanto, apenas os seus Estados-Partes. Em razão disso, as suas normas não revogam nenhuma norma interna desses Estados, que continuam vigentes e aplicáveis a todas as situações estranhas aos Protocolos analisados. De outro lado, naquelas situações nas quais sejam aplicáveis as normas específicas do Mercosul, podem ocorrer antinomias com o direito interno dos Estados-Partes. Mas essa antinomia, como referido anteriormente, é apenas aparente, tendo em vista que, pelo critério da especialidade, as normas do Mercado Comum, quando aplicáveis, sobrepõem-se às normas de origem interna. A antinomia só será eliminada em benefício da norma de origem interna se essa for hierarquicamente superior a norma internacional, o que, no Brasil, ocorreria se as normas atinentes à competência internacional estivessem fixadas na própria Constituição ou em Lei Complementar.

Nesse sentido, a fixação da competência internacional, quando envolver as situações previstas na legislação específica do Mercosul, levará em consideração os critérios nela fixados, desprezadas, no que se refere ao Brasil, as regras contidas nos artigos 88 a 90 do CPC, ou em qualquer outra legislação ordinária brasileira.

Como se percebe frente ao que foi exposto, neste momento, não se pode falar, no Brasil, em incompatibilidade entre as normas que fixam a jurisdição internacional no âmbito do Mercosul (em especial o Protocolo de Buenos Aires) e aquelas que fixam a competência internacional da justiça brasileira (em especial o CPC). O que pode ocorrer, em casos específicos, é o aparecimento de antinomias, mas essas são meramente aparentes, devendo ser resolvidas pelo critério da especialidade, em benefício da jurisdição fixada com base na legislação do Mercosul. Esse critério de definição da legislação aplicável é válido, inclusive, para aquelas situações nas quais a competência da justiça brasileira seria absoluta. Nesse sentido, fixada a competência internacional com base na legislação do Mercosul, torna-se também inaplicável o disposto no artigo 90 do CPC, não podendo o juiz brasileiro conhecer da demanda, a não ser que a sua competência decorra dessa fixação. Ao lado disso, saliente-se que as normas fixadas pelo CPC continuam integralmente vigentes, aplicando-se a todas as situações não previstas em norma internacional específica, aprovada e promulgada na forma do direito brasileiro.

6. Considerações finais

O estudo realizado permitiu que se percebesse que, no Mercosul, os conflitos surgidos entre particulares serão resolvidos pelos mecanismos tradicionais, quais sejam, a jurisdição e a arbitragem, dependendo, conseqüentemente, da fixação de critérios definidores da competência internacional em cada caso específico.

A solução judiciária, em sede do Mercosul, é estabelecida pelo Protocolo de Buenos Aires para conflitos decorrentes de contratos civis e comerciais entre particulares, observadas as exceções estipuladas no mesmo. Tal solução também é prevista no Protocolo de Las Leñas que permite livre acesso do cidadão de um Estado à jurisdição de outro e prevê cooperação jurisdicional entre os membros do Mercado Comum do Sul. Já a arbitragem surge apenas subsidiariamente no primeiro desses protocolos.

O Protocolo de Buenos Aires trata especificamente da questão da competência internacional. Seu campo de incidência é a jurisdição contenciosa internacional atinente aos contratos cíveis e comerciais celebrados entre particulares, incluídos nesse conceito tanto as pessoas físicas quanto as jurídicas. A definição da jurisdição poderá ocorrer por eleição e, na sua ausência, por opção do autor.

No que se refere à eleição de jurisdição, deverá ela ser realizada através de acordo escrito entre as partes em conflito. Relativamente à possibilidade de escolha do autor, denominada, no Protocolo, de jurisdição subsidiária, e que ocorrerá na ausência de acordo entre as partes, podendo ele optar por propor a ação: (a) no lugar de cumprimento do contrato; (b) no domicílio do demandado; ou (c) no seu próprio domicílio ou sede social, quando comprovar que cumpriu a sua parte na obrigação.

Complementarmente, prevê o Protocolo de Buenos Aires, a possibilidade de prorrogação da jurisdição, quando proposta a ação em um Estado-Parte, o demandado, voluntariamente, de forma expressa ou tácita, a admita. Esclarece ainda esse texto legal que as pessoas jurídicas, quando celebrarem contratos em outro Estado-Parte que não o da sua sede, podem nele ser demandas, bem como destaca que, sendo vários os demandados, a ação poderá ser proposta no domicílio de qualquer um deles.

Cabe ainda ressaltar que, em nível do direito brasileiro, a competência internacional é regulada em especial pelo CPC, estabelecendo os limites da jurisdição brasileira e fixando a competência do juiz nacional. O CPC estabelece pressupostos não-cumulativos para a fixação da competência internacional e classifica a competência em absoluta, excluindo qualquer outra, e em relativa (ou concorrente), tornando possível a aceitação de sentença estrangeira, desde que homologada pelo STF, consoante o disposto na Constituição Federal.

Relativamente à possibilidade de choque entre a legislação nacional, em matéria de jurisdição internacional, e a legislação do Mercosul, prevalece essa última, tendo em vista o critério da especialidade, impedindo o juiz brasileiro de conhecer da demanda, com exceção daqueles casos em que a sua competência decorra da norma internacional. Isso não implica a revogação da legislação nacional, que permanece vigente em relação a todos os demais conflitos que contenham elemento internacional e que nela se enquadrarem, quando não estejam sob a proteção de conjunto normativo do Mercado Comum.

IV

Considerações sobre cooperação jurisdicional no âmbito do Mercosul

ORLANDO CELSO DA SILVA NETO
Mestrando em Direito Internacional do Curso de Pós-Graduação da USP. Pesquisador do Núcleo de Estudos Jurídico-Processuais do Mercosul, vinculado ao DPP/CCJ/UFSC.

SUZANA SOARES MELO
Pesquisadora do Núcleo de Estudos Jurídico-Processuais do Mercosul, vinculado ao DPP/CCJ/UFSC.

SUMÁRIO: 1. Considerações iniciais; 2. Necessidade atual da cooperação jurisdicional; 3. Conceito. 4. Obstáculos à cooperação; 5. Cooperação jurisdicional no Mercosul; 6. Considerações finais.

1. Considerações iniciais

A nova ordem internacional vem sendo caracterizada pela formação de blocos regionais, onde países reorganizam suas estruturas em busca da concretização do projeto integracionista.

A institucionalização do Mercosul, em 1º de janeiro de 1995[1], ilustra bem essa assertiva. O mercado do Cone Sul, bloco econômico formado por Brasil, Argentina, Paraguai e Uruguai[2], vem imprimindo importantes mudanças nesses países, que se vêem abertos a uma nova realidade jurídico-econômica. Deve-se, porém, salientar que as etapas da implantação do Mercosul são muitas e vários obstáculos têm que ser enfrentados.

Uma das conseqüências diretas e inevitáveis, decorrente desse processo de integração, é o aumento das relações jurídicas - e, por conseqüência, o aumento dos conflitos de interesses entre entes dos diferentes países. Esse aumento demanda soluções novas e rápidas, pois a complexidade das relações internacionais não se presta a soluções morosas.

Está-se diante de um impasse. De um lado, as dificuldades advindas do sistema de solução dos conflitos que ocorram entre sujeitos de direito dos diferentes países. De outro, a necessidade do desenvolvimento das relações jurídicas e da efetivação da prestação jurisdicional.

Na busca de soluções, é fundamental, em primeiro lugar, conceituar a natureza das relações existentes entre os ordenamentos jurídicos internos dos Estados-Partes do Mercosul e, também, a natureza jurídica da incorporação ao ordenamento jurídico interno das primeiras normas "comuns"[3].

---

[1] Após o término do período de transição, conforme estabelecido no artigo 3º do Tratado de Assunção.

[2] Ressalte-se que o Mercosul assinou com o Chile em 25 de junho de 1996 um Acordo de Complementação Econômica, no qual está prevista a criação de uma área de livre comércio (primeira etapa de um processo de integração) já a partir de 1º de outubro de 1996. O bloco também encontra-se em fase adiantada de negociações com a Bolívia, Venezuela e Colômbia.

[3] Prefere-se, visando à preservação do rigorismo técnico, o uso da expressão "comuns", em vez de *comunitárias*, posto que, a moderna doutrina internacional vem emprestando um conceito técnico específico ao conceito de comunidade. Normas comunitárias seriam aquelas pertencentes ao direito comunitário, que, segundo Casella (1994, p. 248), "pode também ser coloca-

Em relação à primeira colocação, importa ressaltar que não há qualquer inter-relação especial entre os ordenamentos, mas somente aquelas disciplinadas pelas normas de Direito Internacional Privado de cada país, que são normas de direito interno, versando sobre matéria de aplicação do direito internacional[4]. Poder-se-ia também mencionar que os quatro ordenamentos pertencem ao ramo romano-germânico do direito e que muitas de suas codificações guardam semelhanças, posto terem sido inspiradas nas mesmas idéias e modelos.

Em relação à segunda colocação, as normas "comuns" do Mercosul não são diferentes de qualquer outra convenção, tratado ou protocolo a que o Brasil tenha aderido no âmbito do direito internacional[5]. Deve seguir, para sua incorporação ao ordenamento jurídico nacional, o mesmo procedimento[6] que instrumentos assinados com terceiros países ou blocos, não sendo, ao

---

do como ramo ou o exemplo concreto mais desenvolvido do direito da integração econômica, correspondendo à forma específica de processo de integração, adotada na Europa Ocidental, intimamente ligada à realidade socioeconômica daqueles países com alto grau de desenvolvimento relativo e integração social interna, tendo como ponto de partida acordo voluntário entre Estados, visando a constituir união política definitiva, mediante cooperação internacional institucionalizada." Esse conceito não pode ser aplicado aos moldes do Mercosul, ao menos como previsto até agora. É também por essa razão que em outros textos desta coletânea tem sido utilizada a expressão Direito da Cooperação para se referir ao conjunto dessas normas "comuns".

[4] Classificadas por Morelli (1953, p. 1) como normas de "derecho estatal externo", "derecho estatal en orden a las relaciones con el exterior" ou "derecho interno en materia internacional".

[5] Não obstante as opiniões que, baseadas no parágrafo único do artigo 4º da Constituição Federal de 5 de outubro de 1988, querem sugerir que as normas do Mercosul tenham um caráter especial, até mesmo de Lei Complementar, a opinião aqui esposada e a de que são meras normas de direito interno em matéria internacional. O assunto pode gerar celeumas e, por não ser objeto deste trabalho, não se o analisará a fundo.

[6] Procedimento esse que, no direito interno brasileiro, é muito bem descrito por Aramiranta de Azevedo Mercadante (1996, p. 458-505), recebendo, por parte da autora, a denominação de "Processualística dos atos internacionais".

contrário do que ocorre com as normas da União Européia, de aplicabilidade direta[7]. A problemática é bem resumida por Borges (1995, p. 41): "Se inexiste, portanto, um Direito Internacional regulador, dentre outras matérias, dos tratados internacionais, de sua aplicação, ratificação, revogação, enfim, de sua eficácia no espaço e no tempo, as normas e princípios jurídicos que vão cuidar de tal ato, delineando-o no plano jurídico, serão as normas contidas no Direito interno de cada país. A questão é, pois, estritamente de Direito Constitucional, e a solução vai ser a solução ditada pela Constituição de cada Estado soberano, que podem ou não ser coincidentes, dependendo da vontade geral de cada Estado manifestada na Lei Fundamental respectiva."

Diante dessa premissa, não há que se falar em compartilhamento de soberania ou em supranacionalidade, como gostariam alguns[8], sendo que a *processualística dos atos internacionais* do Mercosul é a mesma que a

---

[7] Na União Européia, são normas de aplicabilidade direta os Regulamentos (Tratado CEE, art. 189.2) e as diretivas, desde que suficientemente claras e específicas (construção doutrinária e jurisprudencial). São normas que não necessitam ser incorporadas, de qualquer forma, aos ordenamentos jurídicos nacionais, sendo aplicáveis em toda a extensão territorial da União a partir do momento em que são expedidas. Vide, para um estudo aprofundado, a extensa monografia de Paulo Borba Casella, *Comunidade Européia e seu ordenamento jurídico*.

[8] A este respeito, Salles (1996, p. 722) expôs, em artigo anterior à assinatura do Protocolo de Ouro Preto, a questão básica com que se defrontava o Mercosul: "Na definição da estrutura institucional, há de se responder uma série de questões das quais resultará o próprio perfil do Mercosul, ou seja, a extensão de sua competência, seus processos decisórios e o grau de sua supranacionalidade, entre outros pontos que dirão respeito à extensão de seus mecanismos institucionais e, em última instância, à sua própria natureza. Trata-se de estabelecer se sua atuação estará circunscrita ao âmbito intragovernamental, com a criação de instrumentos capazes de viabilizar a livre circulação de bens e serviços, ou se transcende a este âmbito, com a criação de instituições verdadeiramente supranacionais, que impliquem uma verdadeira evolução do conceito de soberania." Infelizmente, a primeira hipótese restou vencedora.

dos atos internacionais celebrados com qualquer outro Estado.

Assim sendo, as normas "comuns", ao se incorporarem ao direito interno, tornam-se normas de direito interno em matéria internacional, não adquirindo a natureza de normas comunitárias. Esse mesmo processo ocorre para as normas "comuns" que visem a disciplinar matéria processual relativa à efetivação da prestação jurisdicional em controvérsias ocorridas no âmbito do Mercosul.

Dessa forma, a dicotomia anteriormente proposta entre dificuldades advindas do sistema de solução de conflitos com elemento internacional e a necessidade do desenvolvimento das relações jurídicas e da efetivação da prestação jurisdicional encontrará sua solução no direito (interno) internacional de cada um dos Estados-Partes, e não em qualquer espécie de Direito Comunitário, até porque esse sequer chega a existir no Mercosul.

E essa distinção não é meramente acadêmica, mas muito importante em termos práticos[9], porque é sobre esses conceitos que se resolverão os conflitos de normas internas de direito internacional dos Estados-Partes, que fatalmente acontecerão.

Uma vez elucidada essa questão inicial, o problema prático é que, necessariamente, com o incremento de relações jurídicas com elementos internacionais entre os Estados-Partes do Mercosul, faz-se necessária a cooperação entre as diferentes jurisdições nacionais.

---

[9] Apenas hipoteticamente, se um país tivesse acolhido em seu ordenamento diversas convenções sobre a mesma matéria, devem ser usados os critérios para solução de conflitos de leis previstos na legislação interna (no Brasil, por exemplo, hierarquia, especialidade e anterioridade), enquanto se uma dessas convenções fosse norma comunitária, prevaleceria sobre todas as demais, não importando os critérios de direito interno (ou melhor, o próprio direito interno teria abraçado este critério como superior a todos os outros), em atenção ao princípio da primazia do direito comunitário. (Sobre esse princípio e sua aplicação ao ordenamento jurídico da União Européia, ver a obra de Paulo Borba Casella, *Comunidade Européia e seu Ordenamento Jurídico*).

Isso se deve a que, ainda que existam normas de direito interno com caráter internacional no que tange à determinação da jurisdição competente[10], uma vez estabelecida a competência, certamente que para uma prestação jurisdicional completa, muitas vezes serão necessárias providências a serem executadas em diferentes Estados.

Diante dessa realidade, impõe-se uma intensificação das providências de cooperação jurisdicional a serem tomadas entre os Estados-Partes do Mercosul, como meio de facilitar a solução das controvérsias emergentes das relações advindas da criação desse Mercado Comum.

O presente estudo visa, dessa forma, a vislumbrar o atual quadro de cooperação jurisdicional estabelecido pelos países que integram o Mercosul, tecendo breves considerações acerca de suas principais modalidades.

2. Necessidade atual da cooperação jurisdicional

José Carlos Barbosa Moreira (1989, p. 245), em relatório que desenvolveu para o VII Congresso Internacional de Direito Processual, observa que "apesar de certas resistências, parece generalizada a consciência de que convém facilitar a extensão dos efeitos da sentença para além das fronteiras territoriais dos Estados onde são proferidas." A observação do mestre pode, sem receios de se estar cometendo erros, ser ampliada também para com relação a outros momentos processuais.

A sentença, como todos sabem, é o ato final de uma cadeia de atos praticados pelas partes e pelo próprio juiz. Ocorre, entretanto, que muitas vezes, não apenas a sentença, mas também atos processuais praticados pelo juiz instrutor do processo, *ex officio* ou a requerimento

---

[10] Para o leitor que desejar se aprofundar no assunto, sugere-se a leitura do artigo de Eduardo Tellechea Bergman, *Un Marco Jurídico al servicio de la integración. Las regulaciones del Mercosur sobre Jurisdicción Internacional.*

das partes, necessitam de algum grau de cooperação internacional para serem eficazes. São atos que, de modo geral, necessitam ser executados em território estrangeiro. Podem ser atos *incidentais*, no sentido de que necessitam ser praticados durante o transcorrer do processo, sendo em geral condição *sine qua non* para o seu desfecho, assim como atos que decidimos chamar de *pós-processuais*, ou seja, aqueles que dizem respeito à homologação da sentença e a seus efeitos[11].

Partindo-se da análise dos movimentos complementares de globalização e formação de blocos, como fator diretamente relacionado ao crescimento de litígios, devemos levar em consideração a perspectiva das quatro liberdades.[12] [13] [14] São elas a livre circulação de mercadorias, a liberdade de estabelecimento, a liberdade de trabalho e a liberdade de circulação de capitais. Ou seja, há um maior intercâmbio de mercadorias, circulação de pessoas e de capitais, bem como um aumento de relações estabelecidas entre empresas[15].

---

[11] Mas não à execução de sentença, que todos sabem, é procedimento autônomo, constituindo novo processo.

[12] Utiliza-se como referencial doutrinário o artigo de Luiz Olavo Baptista (1991).

[13] São, na realidade, cinco liberdades, mas uma delas seria a liberdade de concorrência, entendida como o direito que as empresas têm de, no âmbito de um bloco, serem submetidas às mesmas regras e exigências para que possam competir em igual condição. Em se tratando de Mercosul, ainda estamos um pouco longe da plena implementação dessa liberdade, embora medidas estejam sendo tomadas nesse sentido. Para um estudo mais aprofundado acerca do tema, sugere-se a leitura do ensaio de Umberto Celli Jr., *O direito da concorrência no MercosuL*.

[14] Perceba-se que a existência das liberdades acima mencionadas verifica-se por completo na fase de mercado comum, que somente será atingido após a completa implementação da União Aduaneira. Pode-se dizer que o Mercosul atualmente se configura como um projeto de Mercado Comum.

[15] Ao que se visa aqui contemplar é aquele movimento representado por parcerias, empreendimentos conjuntos entre empresas de diferentes países (*joint ventures*), estabelecimento de filiais e qualquer outra forma pela qual uma empresa de um país possa se fazer presente em outro, excluindo-se, logicamente, a venda de seus produtos, posto que essa operação melhor se enquadra dentro da definição de liberdade de circulação de mercadorias.

E todo esse intercâmbio tem como efeito um aumento da quantidade de conflitos, como bem alertava, já há quase uma década, Barbosa Moreira. Segundo esse autor (1989, p. 245), "vários e óbvios fatores vêm concorrendo, nos tempos modernos, para fortalecer esta tendência: a intensificação das relações entre empresas industriais, comerciais e de serviços sediadas em Estados diversos; o vulto do deslocamento de pessoas, de um país para outro, em caráter permanente (migrações) ou transitório (viagens internacionais de turismo, negócios, fins culturais, etc.); o fato, cada vez mais freqüente, de ter uma pessoa (física ou jurídica) bens e interesses em territórios de diferentes Estados; e assim por diante."

Esse aumento de conflitos, que também vem ocorrendo no Mercosul[16], necessita de instrumentos adequados, efetivos e céleres à sua solução. O *processo*, seja ele nacional ou internacional, deve ser sempre um instrumento de realização da justiça, uma garantia de segurança das partes envolvidas na relação jurídica da qual se originou a lide. E é por isso que, como explica Salles (1996, p. 722), "o desenvolvimento dos mecanismos de cooperação interjurisdicional torna-se medida fundamental, sob pena da ausência de instrumentos, que permitam um mínimo de eficácia dos sistemas internos de jurisdição, inviabilizar o livre intercâmbio econômico

---

[16] Embora não existam números precisos, e nem sequer uma pesquisa sobre o assunto, o aumento do número de lides existentes nas cortes nacionais dos países do Mercosul que envolvam elementos transnacionais não acompanhou proporcionalmente o aumento no volume de transações econômicas. Isso se deve, provavelmente, ao fato de as relações jurídicas privadas no Mercosul se aterem principalmente ao âmbito comercial e ainda não terem alcançado grande complexidade, consistindo, regra geral, meras relações de intercâmbio comercial, o que decorre do fato de que apenas uma liberdade está de fato implantada e funcionando de forma satisfatória, a de circulação de mercadorias. Apenas recentemente houve um incremento em relação à liberdade de estabelecimento (por meio de *joint ventures*, parcerias, criação de filiais em outros países), enquanto a liberdade de circulação de trabalho se apresenta em níveis quase incipientes, o mesmo valendo para a liberdade de circulação de capitais, que tende a aumentar na mesma proporção que a liberdade de estabelecimento.

entre os vários Estados. Afinal, trata-se de garantir uma estrutura que possibilite um mínimo de segurança às relações jurídicas, permitindo que os vários interesses prejudicados possam ser perseguidos em juízo. O Mercado Comum pode estar inviabilizado se não consagrar fórmulas para a solução dos conflitos surgidos em seu interior." Com a efetivação do Mercosul, existe uma tendência natural à criação progressiva de disposições normativas relacionadas à solução de litígios em que se faça presente o elemento internacional, facilitando, agilizando e viabilizando a prestação jurisdicional nos países do Cone Sul, mediante o intercâmbio processual entre órgãos jurisdicionais. A cooperação judicial, enquanto meio que os Estados utilizam para o cumprimento de atos processuais extraterritoriais, deve, pois, ser desenvolvida e estimulada pelas autoridades competentes, exercendo importante papel na efetivação da prestação jurisdicional.

3. Conceito

Segundo Araújo, Salles e Almeida (1995, p. 343), "cooperação interjurisdicional, ou simplesmente cooperação judicial, significa, em sentido amplo, o intercâmbio internacional para o cumprimento extraterritorial de medidas processuais provenientes da judicatura de um outro Estado." Relatam, ainda, que esse conceito não é pacífico, pois a parte mais tradicional da doutrina também abrange a questão da concorrência das competências internacionais, entre as jurisdições nacionais como matéria da cooperação interjurisdicional. A doutrina mais moderna, entretanto, aborda a cooperação jurisdicional em seu aspecto mais restrito, ou seja, encarando-a como a cooperação entre países, visando ao cumprimento de medidas processuais alienígenas.

Rechsteiner (1996, p. 210), embora não conceitue cooperação jurisdicional (que ele chama de cooperação judiciária) explica que "é princípio fundamental no direito internacional público que os tribunais e outras autoridades estatais desempenhem suas funções somente dentro dos limites do território do próprio Estado, salvo quando autorizados, expressamente, por outro Estado para atuar no território alheio. A violação da regra é desrespeito à soberania do Estado. Por essa razão, se num procedimento judicial forem necessárias providências e diligências de fora do território nacional, as autoridades judiciárias dependerão da cooperação das autoridades estrangeiras."

Bergman (1994, p. 220) traz não o conceito de cooperação jurisdicional, mas sua abrangência, nas seguintes palavras: "Dentro do conceito da cooperação ou auxílio jurisdicional internacional, cabe incluir toda a atividade de natureza processual realizada em território de um Estado a serviço de um processo ajuizado ou a ser ajuizado perante jurisdição estrangeira. Por isso, fica compreendido nas seguintes categorias: informação sobre o Direito vigente em um Estado a tribunais de outro; cooperação de mero trâmite - citações, intimações, aprazamentos - efetuada em um país a rogo de magistrado estrangeiro; diligenciamento de provas por solicitação de tribunais estrangeiros; concessão de medidas cautelares em garantia de processos tramitados ou a serem tramitados fora das fronteiras; e, em sentido amplo, também tende a incluir-se no conceito o reconhecimento de sentenças ou laudos arbitrais estrangeiros."

Uma vez definido o conceito e a extensão da *cooperação jurisdicional*, cabe agora estudar como ela opera. Diversas podem ser as espécies, dentre as quais merecem maior destaque as cartas rogatórias, a homologação de sentença estrangeira, a informação do direito estrangeiro e as medidas cautelares[17].

---

[17] Embora as medidas cautelares não sejam propriamente "espécies" de cooperação, mas sim uma forma de exteriorização dessa, vez que são processadas via carta rogatória, optou-se por enquadrá-las de forma destaca-

As cartas rogatórias são instrumentos que têm por objeto a realização de atos processuais de mero trâmite, citando-se, como exemplo, as notificações e citações, o recebimento e obtenção de provas e informações no exterior.

A homologação de sentença estrangeira, por sua feita, é o procedimento formal obedecido por um sistema jurídico soberano para acolher e dar vigência e eficácia à decisão final emanada de outro sistema igualmente soberano.

A terceira modalidade referida, informação do direito estrangeiro, consubstancia-se na obtenção de informação a respeito do direito de um determinado país, visando a fornecer subsídios ao Estado solicitante para a solução da lide em que se faça presente um elemento estrangeiro.

Já as medidas cautelares, vistas sob a ótica da cooperação jurisdicional, podem ser entendidas como as providências jurisdicionais extraterritoriais que visam à proteção do estado das pessoas, bens ou obrigações, enquanto não finalizada a prestação jurisdicional.

Cumpre salientar, por fim, que as citadas modalidades, embora de fácil conceituação aparente, devem ser abordadas com a necessária precaução, pois como ensinam Huck e Silva Filho (1994, p. 147), "o cumprimento extraterritorial de atos processuais (a citação no primeiro momento e a execução de sentença estrangeira depois) é área das mais desafiadoras no campo dos conflitos de leis (...). Os Estados têm suas jurisdições limitadas e pretender estendê-las ilimitadamente seria uma inútil ameaça ou uma vã exibição de força."

---

da neste estudo, em face de suas características procedimentais próprias, bem como pela importância que essas tutelas de urgência podem vir a adquirir na efetivação da prestação jurisdicional entre os Estados-Partes do Mercosul.

4. Obstáculos à cooperação

Talvez o principal óbice à concreta efetivação de mecanismos eficazes de cooperação jurisdicional seja um mal disfarçado receio de que o estabelecimento de tais mecanismos possa significar uma interferência na soberania nacional[18]. Tal medo se funda em uma concepção bastante tradicional de soberania, na qual o elemento estrangeiro, seja ele qual for e em que grau existir, é visto com ressalvas[19]. O reflexo prático desse receio se materializa no rigorismo da lei nacional quando o aspecto estrangeiro está envolvido.

Esse receio é de tal forma assoberbado que, sob a égide da norma de ordem pública, chega-se mesmo a proteger a má-fé da parte nacional, como explica Casella (1991, p. 240), tratando da questão da arbitragem internacional: "Uma vez prolatado o laudo, no momento de se buscar sua execução, mais uma vez estaria facultada, invocando amparo legal e jurisprudência consolidada, ao contratante brasileiro imbuído de má-fé, a possibilidade de obstar a execução, ou ao menos procrastinar a implementação da decisão emanada do Tribunal Arbitral, alegando não ter sido celebrado o compromisso arbitral, indispensável - segundo estipula a lei brasileira - para a instituição de juízo arbitral, caracterizando condição indispensável para exclusão de determinado

---

[18] Para um estudo sobre o conceito de soberania, seus elementos e as transformações que o conceito vem sofrendo e poderá sofrer, sugere-se a excelente monografia de Deisy de Freitas Lima Ventura, *A ordem jurídica do Mercosul*.

[19] Ventura (1996, p. 94) resume bem o posicionamento predominante e o receio existente. Segundo ela, "interpretando a doutrina brasileira, entre antinomias e contradições, resta evidente que o princípio da soberania é apresentado, por uns e por outros, como natural obstáculo jurídico à cooperação econômica. Crendo seja na primazia do direito interno, seja do direito internacional, há uma atitude receosa na discussão política sobre a necessidade da formulação de uma regra internacional, receio que cresce proporcionalmente à intensidade dos futuros compromissos."

feito pelo Judiciário (CC, arts. 1.039 e ss., CPC, arts 1.072 -1.102)."[20]

Sob essa concepção restrita não se pode admitir uma modalidade de cooperação jurisdicional efetiva, pois essa é vista como um ataque à soberania nacional, uma intromissão indevida nos assuntos de um Estado[21]. Nesses casos, a cooperação jurisdicional, se é que existe,

---

[20] É certo que esse posicionamento, em relação à questão específica da arbitragem, será revisto, face às disposições da Lei 9.307/96 (nova Lei da arbitragem) norma que segue tendência de simplificação encontrada nas legislações mais recentes do mundo. Entretanto, essa concepção restrita permanece no ordenamento como um todo, e mesmo no caso da arbitragem, há grande expectativa quanto ao pronunciamento do Supremo Tribunal Federal no que diz respeito à constitucionalidade do reconhecimento direto da decisão arbitral estrangeira não homologada no país onde foi pronunciada. Tal decisão deverá sair já no início deste ano, no processo *MBV Commercial and Export Management Establishment* x *RESIL Indústria e Comércio Ltda.*, onde é requerida a homologação de laudo prolatado em Barcelona (a Espanha não exige homologação do laudo), e que, segundo informações colhidas no periódico Gazeta Mercantil, de 20 nov. 1996 (p. a-11), encontra-se atualmente no Ministério Público Federal, esperando parecer.

[21] Esse posicionamento, quase que unânime dos tribunais brasileiros, parece ter sido revisto pela nossa maior corte infraconstitucional brasileira, ao julgar recurso especial impetrado por Lloyd Brasileiro contra Ivarans Rederi (Recurso Especial nº 616-89, do Rio de Janeiro, julgado em 24 abr. 1990, cuja ementa é: "Cláusula de arbitragem em contrato internacional. Regras de protocolo de Genebra de 1923. 1. Nos contratos internacionais submetidos ao Protocolo, a cláusula arbitral prescinde do ato subseqüente do compromisso e, por si só, é apta a instituir o juízo arbitral. 2. *Esses contratos têm por fim eliminar as incertezas jurídicas, de modo que os figurantes se submetem, a respeito de direito, pretensão, ação ou exceção, à decisão dos árbitros, aplicando-se aos mesmos a regra do artigo 244 do CPC, se a finalidade for atingida.* 3. Recurso conhecido e provido. 3ª seção. Relator originário: Min. Cláudio Santos; relator designado: Min. Gueiros Leite. Publicado no DJU de 13.08.90, p. 7.467 e na Revista do STJ nº 37, p. 263.)" (Grifamos). Não cabe aqui aprofundar os detalhes desse famoso julgamento, até pelo fato de essa decisão ter sido bastante comentada pela doutrina nacional. Tem-se conhecimento de três comentários a essa decisão. Um de Paulo Borba Casella (RT 668, p. 239-41). Outro, de Jürgen Samtleben, (RT 704, p. 276-81). Finalmente, o último, de autoria de Nehring Neto, Avellar Fonseca e Zivy, publicado na *Revue de Droit des Affaires Internationales*, em 1992, com qual não se teve contato. O mais importante dessa decisão, segundo Samtleben (1994, p. 279) é que "o STJ deixou claro que constitui abuso de direito quando uma parte, após sua participação no procedimento arbitral , tenta argüir a falta de requisitos formais do acordo arbitral - e com isso estabeleceu fundamentos mais seguros para a realização de processos arbitrais no Brasil."

é feita unicamente através da sujeição da determinação judicial estrangeira aos mecanismos do Direito Internacional Privado de cada país. Só que tal concepção não se presta mais à atual situação mundial, onde diariamente caem barreiras diversas, nem tampouco à vontade brasileira, que é de se abrir para o mundo, em iguais condições de competição.

Nessa perspectiva de globalização e formação de blocos, Baptista (1994, p. 156) ensina que "justamente no processo de integração, vemo-nos diante de uma nova perspectiva de soberania, a do seu compartilhamento."[22]. E, mais adiante, conclui: "O processo integracionista reside justamente num exercer em comum a soberania, que pode evoluir até a integração das soberanias compartilhadas numa só."

Tal deve ser a concepção informadora do processo de integração no Mercosul, sob pena de se criar um sistema fechado e ineficiente, um bloco onde as pessoas estarão integrando-se, como de fato já o estão fazendo, mas em que a proteção judicial será falha, já que arraigada a antigas concepções.

A recente estrutura do Mercosul apresenta, ainda, outros problemas, tais como o fato de que, muitas vezes, o teor dos tratados e convenções conflitam com a legislação constitucional dos países, tornando-se, pois, ineficazes frente à hierarquia das normas estabelecidas pelos ordenamentos jurídicos internos[23].

Outrossim, os meios de cooperação jurisdicional existentes ou em vias de existir (aqueles em processo de

---

[22] Fundamental ter em mente, para a correta apreensão do pensamento do autor, que ele discorre sobre o processo integracionista num plano teórico, e não sobre processo integracionista do Mercosul na prática, como realmente tem ocorrido. Pode-se dizer que o autor está trabalhando com um modelo teórico que até pode ser aquele mais apropriado, mas que certamente não é o que existe na prática (ao menos por enquanto e na forma proposta).

[23] Como salientado anteriormente, o Mercosul não forma uma *comunidade*, devendo as normas aprovadas em seu âmbito (normas "comuns") serem incorporadas ao direito interno.

criação), como se verá oportunamente, são burocratizados e insuficientes, o que exige uma maior adequação desses instrumentos à dinâmica das relações que têm sido estabelecidas no âmbito do Mercosul.

5. Cooperação jurisdicional no Mercosul

Desde sua criação, em 26 de março de 1991, vários acordos foram celebrados entre os países do Mercosul. Regulam o assunto em análise, cooperação jurisdicional, o *Protocolo de Cooperação e Assistência Jurisdicional em Matéria Civil, Comercial, Trabalhista e Administrativa*[24], também denominado *Protocolo de Las Leñas*, recentemente promulgado, no Brasil, pelo Decreto nº 2.067, de 12 de novembro de 1996, bem como o *Protocolo de Medidas Cautelares*, aprovado pelo Decreto Legislativo nº 192, de 15 de dezembro de 1995, mais ainda não promulgado[25].

Analisando especificamente a situação do Mercosul, tem-se que são os Estados que o compõem também signatários da *Convenção Interamericana sobre Cartas Rogatórias*[26] e seu *Protocolo Adicional*[27], bem como da *Convenção Interamericana sobre Prova e Informação acerca do Direito Estrangeiro*[28] e da *Convenção Interamericana sobre*

---

[24] Doravante apenas Protocolo de Las Leñas.

[25] Além desses dois protocolos, também trata de cooperação jurisdicional, no âmbito do Mercosul, o Protocolo de Assistência Jurídica Mútua em Assuntos Penais (Decisão nº 02/96 do CMC). Como o objetivo deste artigo não envolve a área criminal, não será ele aqui analisado.

[26] Aprovada, no Brasil, pelo Decreto Legislativo nº 061, de 19 abr. 1995 e promulgada pelo Decreto nº 1.899, de 09 maio 1996 (DOU de 10 maio 1996, s. I, pp. 8.007-8).

[27] Aprovado, no Brasil, pelo Decreto Legislativo n° 61, de 19 abr. 1995 e promulgado pelo Decreto n° 2.022, de 7 out. 1996 (DOU de 8 out. 1996, s. I, pp. 20.059-60).

[28] Aprovada, no Brasil, pelo Decreto Legislativo n° 46, de 10 abr. 1996, e promulgada pelo Decreto n° 1925, de 10 jun. 1996 (DOU de 10 jul. 1996, s. I, p. 12.676).

Eficácia Extraterritorial das Sentenças e Laudos Arbitrais Estrangeiros[29], dentre outras.

Passar-se-á agora a comentar as principais modalidades previstas nesses diplomas legais, sempre tentando explorar sua adequação ao sistema jurídico brasileiro.

5.1. Cartas rogatórias

Tem-se por carta rogatória, segundo as normas de Direito Processual Internacional, o meio apto a ordenar o processo que tramita em um país através de providência processual realizada em outro.

A Convenção Interamericana sobre Cartas Rogatórias e seu Protocolo Adicional regulam especificamente a matéria, que também é tratada pelo Protocolo de Las Leñas. A Convenção e seu Protocolo Adicional, por terem sido assinados no âmbito da Organização dos Estados Americanos, conta com um número superior de participantes, inclusive com todos os países do Mercosul, enquanto o Protocolo de Las Leñas é restrito aos Estados-Partes do Mercosul.

No Brasil, os três diplomas legais - Convenção Interamericana, Protocolo Adicional à Convenção Interamericana e Protocolo de Las Leñas - encontram-se em vigor, tendo em vista que além de ratificados, foram também promulgados.

A regulamentação da matéria comum aos quatro países do Mercosul, o Protocolo de Las Leñas, já possui vigência internacional[30], sendo necessário observar as

---

[29] Aprovada, no Brasil, pelo Decreto Legislativo nº 93, de 20 jun. 1995. Não foi ela, entretanto, ainda promulgada, embora o Brasil tenha depositado a ratificação em 27 nov. 1995.

[30] Paraguai, Brasil e Argentina já efetuaram o depósito do instrumento de ratificação do Protocolo de Las Leñas, faltando ainda o Uruguai. Conforme dispõe o seu artigo 33, o Protocolo de Las Leñas entraria em vigor, no plano internacional, trinta dias após a data de depósito do segundo instrumento de ratificação.

Constituições dos Estados signatários, promovendo as devidas alterações nas suas legislações internas[31], com vistas a conferir-lhe eficácia plena.

No Brasil, o procedimento relativo às cartas rogatórias está previsto no Código de Processo Civil, artigos 202 e seguintes, sendo seu cumprimento regulado pelo artigo 102, inciso I, alínea *h*, da Constituição Federal de 1988 (CF) e artigo 225 do Regimento Interno do Supremo Tribunal Federal (RISTF). O cumprimento dessa medida em território brasileiro dependerá de prévia concessão de *exequatur*[32] pelo presidente do Supremo Tribunal Federal (STF).

Por visar exclusivamente a dar cumprimento a uma solicitação de autoridade judiciária estrangeira, a carta rogatória não admite procedimento contraditório. Todavia, admitir-se-á impugnação à concessão de *exequatur* quando o cumprimento da solicitação atentar contra a ordem pública, a soberania nacional, ou ainda, quando lhe faltar autenticidade.

As hipóteses de impugnação das cartas rogatórias, estabelecidas no artigo 226 do RISTF, decorrem da necessidade de observância do artigo 17 da Lei de Introdução ao Código Civil, que dispõe, *in verbis*: "As leis, atos e sentenças de outro país, bem como quaisquer declarações de vontade, não terão eficácia no Brasil, quando ofenderem a soberania nacional, a ordem pública, e os bons costumes."

Esse princípio deve ser observado, também, quando da homologação de sentença estrangeira, conforme ver-se-á adiante. Por ora, cumpre salientar o que se entende por ordem pública. Explica Strenger (1991, p.

---

[31] O que demandará um procedimento jurídico-legislativo complexo e lento, etapa necessária para o efetivo funcionamento dos mecanismos institucionais estabelecidos em prol do Mercosul.

[32] Como esclarecem Huck e Silva Filho (1994, p. 152), o termo exequatur "refere-se exclusivamente à determinação oriunda do Supremo Tribunal Federal para que se cumpra carta rogatória citatória ou notificatória estrangeira".

373) que "por ordem pública em direito internacional privado pretendem os jusperitos designar toda aquela base social, política de Estado, que é considerada inarredável para a sobrevivência desse Estado." Interpretando-se o conceito, tem-se que é ele dotado de grande carga ideológica. Nas próprias palavras de Strenger (1986, p. 09), conclui-se que "o grande mal que afeta a ordem pública como instituição jurídica é sua forte conotação social e política. Muitas vezes a ordem pública, ao ser aplicada, resulta de expressões tanto vagas quanto imprecisas inseridas na lei, e que comportam diversidade de interpretações muitas vezes de índole subjetiva."

No plano do Mercosul estabelecem os três estatutos legais - Protocolo de Las Leñas e Convenção Interamericana e seu Protocolo Adicional - a instituição de autoridades centrais[33], que serão designadas em cada Estado, com o escopo de impulsionar os pedidos de assistência jurisdicional das autoridades estrangeiras. Esse órgão será responsável, assim, pelo recebimento e tramitação das cartas rogatórias, bem como pela intermediação de informações entre o juízo rogante e rogado. Bergman (1994, p. 222), discorrendo sobre o amplo uso do mecanismo nos acordos internacionais, explica que "o atual auge do emprego de Autoridades Centrais se deve tanto ao fato de se tratar de organismos técnicos na matéria quanto ao de permitir uma comunicação ágil e direta entre o tribunal rogante e o rogado, eliminando complexos e morosos trâmites burocráticos, próprios dos procedimentos tradicionais."

Sobre a conveniência da instituição de autoridades centrais, ressalta-se o caráter de autenticidade que dispõem as cartas rogatórias provenientes destes órgãos, como bem ilustra Garro (1994, p. 528): "La posibilidad

---

[33] A Convenção Interamericana ainda ressalva a hipótese de serem as cartas rogatórias transmitidas por via judicial ou por intermédio dos funcionários consulares ou agentes diplomáticos.

de transmitir exhortos a través de un organismo gubernamental adquiere una importancia especial en los países de América Latina, puesto que este medio elimina los numerosos requisitos formales de legalización y autenticación que suelen entorpecer y dilatar este tipo de trámites."
Questão importante, como lembra Bergman (1994, p. 223) é que "o texto de Las Leñas prevê que o auxílio seja prestado entre tribunais, ou seja, entre órgãos que, pertencentes ou não ao Poder Judiciário, sejam verdadeiramente independentes e capazes de resolver com autoridade de coisa julgada as controvérsias submetidas à sua jurisdição".... "a exigência, tradicional na cooperação judicial latino-americana, é acolhida também pelas modernas convenções interamericanas." Ou seja, os mecanismos previstos não podem ser utilizados para o cumprimento de medidas determinadas por órgãos, conselhos ou tribunais administrativos.

Do estudo da legislação referente às cartas rogatórias, importante salientar que tanto a Convenção Interamericana, quanto o Protocolo de Las Leñas ressalvam, em seus artigos 17 e 18, respectivamente, a hipótese de denegação da medida quando ela for manifestamente contrária à ordem pública do país em que deveria ser cumprida.

Os estatutos legais estabelecem, também, o benefício da gratuidade dos atos praticados, com as exceções previstas nos artigos 12 da Convenção Interamericana e 5 do seu Protocolo Adicional.

Analisados em conjunto, tem-se que a Convenção Interamericana e seu Protocolo Adicional e o Protocolo de Las Leñas não possuem divergências significativas. Destaca-se, porém, o disposto no artigo 7º da Convenção Interamericana, que estabelece que não há a necessidade de legalização da carta rogatória quando for o juízo rogado de zona fronteiriça com o juízo rogante. O Protocolo de Las Leñas, por sua vez, não previu em seu bojo essa exceção à necessidade de legalização das cartas rogatórias.

Nesse sentido, importante observação foi feita por Araújo, Salles e Almeida (1995, p. 356), quando da análise da constitucionalidade[34] do disposto na Convenção: "Mesmo que o Protocolo houvesse previsto uma tal disciplina, nossas normas não permitiriam sua implementação. Assim, o acolhimento desta medida, de extrema utilidade para a facilidade do trâmite das Cartas Rogatórias, estaria condicionado à alteração na Constituição."

A análise realizada das legislações que se apresentam no âmbito do Mercosul concernentes à aplicação e ao trâmite das cartas rogatórias permite concluir que a sua efetivação poderá facilitar o trâmite dos atos a serem praticados em outro país. Torna-se necessário, porém, que esses diplomas tenham real efetividade quando de sua aplicação prática.

5.2. Homologação de sentença estrangeira

Assim como Barbosa Moreira (1989, p. 245-7), Amílcar de Castro (1994, p. 551) também crê ser fundamental

---

[34] Pode-se notar uma disposição das autoridades brasileiras para que se promova a necessária alteração na Constituição. A Gazeta Mercantil de 19 set. 1996 (p. a-10) traz matéria sobre o I Congresso de Cortes Supremas do Mercosul, onde estampa o posicionamento do Ministro da Justiça, Nelson Jobim. Transcreve-se do periódico o seguinte parágrafo: "Jobim também defende uma maior integração nos processos de investigação e produção de provas. Atualmente, segundo o ministro, se ocorre um acidente de trânsito em Rivera, cidade uruguaia fronteiriça à gaúcha Livramento, para se ouvir uma testemunha 'do outro lado da rua', é necessário cumprir processo burocrático que despende tempo e recursos. 'Tem de vir uma carta rogatória do juiz de Direito de Livramento, tem de passar pelo Tribunal de Justiça de Porto Alegre, ir para o Superior Tribunal de Justiça e para o Itamaraty, que envia uma carta para o Ministério das Relações Exteriores de Montevidéu, de lá vai para o Tribunal e segue para Livramento, para Rivera, que é cinco metros ou menos de onde se iniciou esta carta. Uma maluquice', conclui o ministro."

que as sentenças estrangeiras sejam reconhecidas em um outro país. Segundo ele, "precisamente porque a sentença é ato público, praticado legitimamente em jurisdição estranha, é que no forum não se lhe pode sistematicamente negar valor. É claro que nenhum Estado distribui justiça fora de sua jurisdição, mas nada impede, e tudo aconselha, que no forum se atribua validade a atos judiciais emanados de países estrangeiros, assim como se atribui valor a atos praticados pelos particulares."

No Brasil, a sentença estrangeira somente adquire eficácia após sua homologação pelo STF[35] [36]. Ou seja, somente poderá gerar efeitos e, mais especificamente, ser executada, após submetida ao procedimento homologatório do STF.

A esse respeito, como explicam Luiz Olavo Baptista e José Carlos de Magalhães (1986, p. 87), "o Brasil adotou, para a homologação das sentenças estrangeiras, o sistema que os italianos denominam de *giudizio de delibazione*", que nada mais é do que a adequação da sentença estrangeira a certos requisitos legais, quais sejam: autenticidade, inteligibilidade, competência do tribunal, citação regular do réu, força de coisa julgada e não ofensa à ordem pública[37].

---

[35] CF, artigo 102, inciso I, alínea *h*, e RISTF, artigo 215.

[36] A Lei 9.307/96, de 23 de setembro de 1996 (Lei de Arbitragem), admite a homologação do laudo arbitral estrangeiro não homologado no país de origem (arts. 34 e 35). Assim, caso confirmada a constitucionalidade da disposição, como já mencionado anteriormente, o exposto nesse texto sobre a sentença valerá também para os laudos arbitrais.

[37] Interessante transcrever o conceito de delibação encontrado na Enciclopédia Saraiva do Direito:
"Vocábulo de origem latina, relacionada com o verbo delibo, delibare, que significa tocar de leve, tocar de passagem, provar, experimentar, examinar superficialmente.
Na linguagem do direito processual, o termo aparece na locução juízo de delibação. É o que ocorre quando, em se tratando de homologação de sentença estrangeira, o STF, dela tomando conhecimento, toca de leve apenas em seus requisitos externos, examinando-lhe a legitimidade, mas não entra no fundo ou no mérito do julgado.
De notar, todavia, que, às vezes, a justiça brasileira, para impedir que

A homologação de sentença constitui-se em verdadeiro juízo de admissibilidade, onde o tribunal pleno ou o presidente do STF apreciará a decisão em seus requisitos formais (RISTF, art. 217), bem como analisará se não é contrária à soberania nacional, à ordem pública e aos bons costumes (RISTF, art. 216). Prevê o RISTF um autêntico processo, similar ao processo de execução do direito interno, ainda que o instrumento de defesa do requerido seja chamado de contestação (art. 221, *caput*), posto ser bastante exíguo e limitado quanto aos aspectos passíveis de serem argüidos como matéria de defesa (art. 221).

No âmbito do Mercosul, a questão da execução de sentenças estrangeiras é abordada pelo Protocolo de Las Leñas em seus artigos 18 a 24, que traz em seus bojo importantes inovações.

Frente ao ordenamento jurídico brasileiro, a constitucionalidade do artigo 19 do Protocolo de Las Leñas, que prevê que o pedido de reconhecimento e homologação dar-se-á por via de carta rogatória, é questão que poderia ser polêmica, posto que o artigo 102, inciso I, alínea *h* exige que o reconhecimento de sentença estrangeira se faça por homologação do Supremo Tribunal Federal.

Entretanto, como bem lembram Araújo, Salles e Almeida (1995, p. 357), "a disposição convencional não pretende certamente que seja suprimida a homologação de sentença estrangeira como requisito para sua execução no âmbito do Mercosul." Segundo esses mesmos autores (1995, p. 357), "o Protocolo prevê uma autêntica homologação, revestida externamente da forma de carta rogatória, em razão justamente do trâmite por autoridades centrais."

---

surtam efeitos em nosso país decisões contrárias à soberania nacional, à ordem pública, e aos bons costumes, tem de investigar também o próprio conteúdo da sentença proferida por tribunal estrangeiro."

Nesse sentido, cabe a indagação sobre se, vigente o Protocolo de Las Leñas, não está, em relação a nacionais dos quatro Estados-Partes, derrogada a parte procedimental[38] do RISTF no que contrária ao Protocolo. Araújo, Salles e Almeida (1995, p. 359) chegam a essa conclusão, ao expressarem ser "correto supor que, se aprovado o Protocolo do Mercosul pelo Congresso Nacional e ratificado pelo Executivo, estarão parcialmente derrogados - no âmbito dos processos oriundos dos países do Mercosul - os artigos 218, 219 e 220 do Regimento Interno do STF, no que se referem à petição do interessado, ficando esta substituída pela carta rogatória, tramitada pelas Autoridades Centrais ..."

Não se trata, entretanto, propriamente de derrogação, já que o Poder Legislativo[39] não pode revogar norma interna do Poder Judiciário, em respeito ao princípio constitucional da independência dos poderes (CF, art. 2º)[40]. O que existirá, na verdade, é uma antinomia, na qual deverá prevalecer, nas relações estabelecidas entre sujeitos de direito dos Estados-Partes do Mercosul, em obediência ao princípio da hierarquia (*lex superior derogat legi inferiori*), o Protocolo de Las Leñas[41].

Um problema que pode existir é que, como lembram os próprios Araújo, Salles e Almeida (1995, p. 346),

---

[38] Em especial os artigos 218 e 219, já que o Protocolo de Las Leñas regula o procedimento inicial da homologação, ou seja, a partir da sentença ou laudo arbitral até a citação do requerido.

[39] Os tratados internacionais em geral adquirem, quando incorporados ao direito nacional, caráter de Lei, sendo considerados como emanados do Poder Legislativo.

[40] Ademais, a parte procedimental continuará a ser normalmente observada nas relações entre os países não-signatários do Protocolo de Las Leñas.

[41] Ao contrário de Araújo, Salles e Almeida, acredita-se não estar o artigo 220 derrogado parcialmente, como afirmam os autores (e nem tampouco existir antinomia em relação ao referido artigo). Esse artigo regulamenta à espécie os princípios constitucionais do contraditório, da ampla defesa e devido processo legal, não podendo ser derrogado, já que o Protocolo de Las Leñas não traz qualquer norma que eventualmente a substituísse. Não há, portanto, razões para considerá-lo derrogado.

o trâmite por meio das autoridades centrais pode ser extremamente burocrático e moroso e, caso exista obrigatoriedade de ser seguido o procedimento discriminado no Protocolo de Las Leñas, nacional de Estado não-membro do Mercosul poderia requerer junto ao STF a homologação, enquanto esse direito não assistiria a nacional de um dos Estados-Partes do Mercosul. Se todos são iguais perante a Lei, sem distinção de qualquer natureza (CF, art. 5º, *caput*), parece que tal interpretação seria contrária à Constituição, por podar o acesso ao Poder Judiciário e revelar desigualdade de tratamento que prejudicaria os nacionais do Mercosul. Acredita-se, então, que a parte procedimental do RISTF continua em vigor[42], mesmo já vigente o Protocolo de Las Leñas, consistindo, no Brasil, em verdadeira faculdade da parte a escolha por um ou outro procedimento.

No Protocolo de Las Leñas estão elencados também diversos requisitos formais (art. 20). Disposição interessante é o requisito de que o reconhecimento e a executoriedade da sentença ou laudo, cujo processo originário teve as mesmas partes e foi fundamentado nos mesmos fatos, e versou sobre o mesmo objeto que sentença ou laudo proferido no país requerido, só será concedido se não for incompatível com o pronunciamento anterior (art. 22)[43]. De outro lado, é permitido que, se a sentença ou laudo arbitral não puder ter eficácia em sua totalidade, possa ser ela parcialmente eficaz (art. 23).

---

[42] Certamente que continuará em vigor, pois, como já explicado, não pode ser derrogada por norma de outro poder. O que se quer enfatizar aqui é que ela continuará a ter eficácia, a ser usada como norma viva, integrante do ordenamento jurídico nacional.

[43] No sentido da prevalência da decisão nacional sobre a estrangeira, interessante arresto do Pleno do STF, colhido de Theotonio Negrão (CPC, 26ª ed., p. 1.308): "Se há sentença de juiz no Brasil sobre o mesmo tema, não há como se dar prevalência à sentença norte-americana, sob pena de incorrer-se em ofensa à soberania nacional, o que contraria o art. 216 do RISTF." (STF - Pleno. SE 4.694-7 - EUA, rel.: Ministro Ilmar Galvão. DJU, 18 mar. 94, p. 5.150).

Como norma de determinação procedimental, o artigo 24 apenas faz referência a que os procedimentos adotados serão os do país requerido, como aliás tem sido praxe em todas as áreas do Mercosul onde não exista regulamentação comum.

5.3. Informação do direito estrangeiro

Embora não seja modalidade usual na América Latina, a solicitação de informações acerca do direito estrangeiro vem adquirindo crescente importância no contexto do Mercosul. Como bem anotam Araújo, Salles e Almeida (1995, p. 360), "especialmente se se considerar o fenômeno contemporâneo da inflação legislativa, crescendo as incertezas sobre as normas positivas vigentes e aplicáveis em determinado Estado, é necessário que haja mecanismos eficazes que possibilitem a informação de normas positivas estrangeiras desconhecidas do juiz nacional, e vice-versa." A matéria encontra-se regulada, no âmbito do Mercosul, nos artigos 28 a 30 do Protocolo de Las Leñas.

Referido Protocolo estabelece, em seu artigo 28, a cooperação judicial mútua, sendo a autoridade central solicitada responsável, pelo fornecimento, de forma gratuita, de informações acerca do direito positivo de seu Estado. Em respeito aos princípios gerais do direito, determina citado artigo, que seja observada, quando do atendimento da solicitação, a ordem pública do país.

A obrigação de fornecer as informações acerca do direito de seu país é estendida, segundo o artigo 29 do Protocolo de Las Leñas, às autoridades diplomáticas ou consulares dos Estados-Partes.

Ressalte-se que qualquer informação prestada não vinculará as partes solicitante e solicitada, conforme dispõe o artigo 30. Assim, o órgão julgador não estará obrigado a aplicar o direito segundo a informação recebida. Isso porque a prestação da informação por autoridade administrativa não pode adquirir caráter normativo, devendo consubstanciar-se em mera transmissão de dados acerca do direito solicitado.

No direito brasileiro, o tema é regulamentado pelo artigo 14 da LICC, bem como pelo artigo 337 do CPC. Segundo o disposto nos citados artigos, ao contrário do Protocolo de Las Leñas, serão as partes interessadas, se assim determinar o juiz, responsáveis pela prova do teor e da vigência de lei estrangeira.

A matéria é regulada, ainda, pela *Convenção Interamericana sobre Prova e Informação Acerca do Direito Estrangeiro*, ratificada por todos os Estados-Partes do Mercosul, que dispõe que deverão as autoridades de cada um dos Estados solicitados proporcionar às autoridades dos demais Estados que o solicitarem "os elementos de prova ou informação sobre o texto, vigência, sentido e alcance legal do seu direito" (art. 2º).

Pela análise das legislações que regulam a matéria, pode-se concluir que, no âmbito do Mercosul, deverão as autoridades de cada Estado-Parte, sempre que solicitadas, providenciar a informação acerca do direito de seu Estado, sem prejuízo da parte interessada de, sempre que julgar conveniente, ou por determinação do juiz, fazer ela mesma prova do teor ou vigência do direito invocado.

5.4. Medidas cautelares

No dizer de Martins (1995, p. 372): "A existência de ações cautelares, como uma tutela de urgência, é inevitável, na medida em que a tendência de ordinarização dos ritos, visando a atingir a justiça plena, é uma realidade presente nas codificações processuais modernas."

Não alheios a essa tendência, e "convencidos da importância e da necessidade de oferecer ao setor privado dos Estados-Partes, um quadro de segurança jurídica que garanta soluções justas às controvérsias privadas e torne viável a cooperação cautelar entre os Estados-Partes do Tratado de Assunção"[44], os países do Mercosul celebraram, em 1994, o Protocolo de Medidas Cautelares[45]. Referido Protocolo tem por objeto regulamentar o cumprimento das medidas cautelares, destinadas a impedir a irreparabilidade de um dano em relação às pessoas, bens e obrigações de dar, fazer ou de não fazer[46], segundo o disposto em seu artigo 1º.

As medidas cautelares podem ser de três tipos (art. 3º): preparatórias, incidentais a uma ação principal, ou as que visem garantir a execução de sentença. Serão competentes para processá-las e julgá-las os juízes do Estado requerente (quando se tratar de matéria de mérito), sendo aplicável o direito de seu país (art. 5º).

A execução da medida, no entanto, bem como sua contracautela ou respectiva garantia, serão processadas pelos juízes do lugar onde se solicitar seu cumprimento, e segundo suas leis (art. 6º). Como assinala Martins (1995, p. 375), no Protocolo de Medidas Cautelares, "consagrou-se o adágio *locus regit actum*, que é uma norma de Direito Internacional Privado aceita pelos juristas, para indicar a lei aplicável à forma extrínseca do ato ...".

A solicitação do cumprimento das medidas cautelares será feita mediante carta rogatória[47], que poderá ser

---

[44] Consoante o preâmbulo do Protocolo de Medidas Cautelares.

[45] No Brasil, o Protocolo de Medidas Cautelares encontra-se pendente de promulgação, tendo sido somente aprovado por Decreto Legislativo. Até o final de 1996, apenas Paraguai e Argentina haviam depositado o instrumento de ratificação.

[46] Conforme explica Calixto (1994, p. 191), referindo-se às lições de Liebman, *"a atividade jurisdicional cautelar dirige-se à segurança e garantia do eficaz desenvolvimento e do profícuo resultado das atividades de cognição e execução, concorrendo, dessa maneira, para o atingimento do escopo geral da jurisdição."*

[47] Sobre o procedimento relativo às cartas rogatórias, ver o disposto no item específico constante deste artigo.

transmitida pela via diplomática ou consular, pela Autoridade Central do país requerente ou, ainda, pelas partes interessadas (art. 19, primeira parte).

Quanto ao cumprimento da medida, importa ressaltar que, na forma do artigo 10 do Protocolo, a cooperação cautelar é autônoma, o que significa que o cumprimento de uma medida cautelar pelo Estado requerido não o vincula ao reconhecimento da sentença definitiva estrangeira proferida no processo principal.

Não deixou o Protocolo de Medidas Cautelares de contemplar a hipótese da ausência de requisitos necessários ao cumprimento da medida, bem como de documentos ou informações consideradas fundamentais, que tornariam inadmissíveis sua procedência. Nesses casos, o juiz ou tribunal requerido comunicar-se-á imediatamente com o Estado requerente, para que, com urgência, sejam sanados os defeitos (art. 21, *in fine*).

Na hipótese de ofensa à ordem pública do país requerido, a autoridade competente poderá recusar o cumprimento da medida, conforme estabelece o artigo 17 do Protocolo de Medidas Cautelares[48].

Por fim, no que respeita ao pagamento das custas judiciais e demais despesas referentes ao cumprimento da medida, serão elas de responsabilidade da parte solicitante, excetuadas a hipótese do benefício da assistência judiciária gratuita e demais hipóteses do artigo 25.

Analisados os principais aspectos procedimentais estabelecidos no Protocolo de Medidas Cautelares, percebe-se que procurou estabelecer um procedimento desburocratizado e célere, consentâneo com a natureza da

---

[48] Tratando da questão das normas de ordem pública, Calixto (1994, p. 47) observa que *"o Estado, no cumprimento do dever jurídico da cortesia e da reciprocidade, admite a aplicação da Lei ou da execução de sentença estrangeira, em seu território, mas, se reconhecer sua lesividade, o seu ferimento aos princípios basilares da Nação, tem o direito de afastá-las"*. Tal deve ser, também, o entendimento aplicável ao cumprimento das medidas cautelares.

medida, o que levou Martins (1995, p. 371) a observar que "as medidas cautelares no Mercosul têm sua pedra de toque revelador na simplificação; e conseqüente agilização, da efetivação das ordens deferidas em seu curso..."

Um dos grandes avanços apontados no Protocolo de Medidas Cautelares, saliente-se, é a não-aplicação do procedimento homologatório das sentenças estrangeiras para o cumprimento da medida (art. 19, parte final), simplificando e agilizando sua concretização. Ocorre que, como as normas "comuns" do Mercosul não são supranacionais, estando, portanto, sujeitas à hierarquia imposta pela ordem interna de cada Estado-Parte, o propósito inicial do Protocolo de Medidas Cautelares, de simplificação procedimental, que é de celeridade, perde-se em meio aos trâmites burocráticos estabelecidos nas legislações nacionais, a exemplo do Brasil. Assim, uma sentença proferida por juiz estrangeiro e que conceda tutela cautelar, para ser cumprida em nosso país, deverá obrigatoriamente ser homologada pelo STF, a despeito do enunciado do artigo 19, parte final, do Protocolo de Medidas Cautelares[49].

Impróprio, no entendimento dos autores, o trâmite previsto na legislação brasileira para o cumprimento de sentenças estrangeiras que concedam tutela cautelar, frente ao imperativo de urgência próprio dessas medidas. Mudanças na legislação interna são necessárias, sob pena de não se dispor de instrumentos adequados e ágeis para a efetivação das chamadas tutelas de urgência.

---

[49] Como lembra Calixto (1994, p. 193), em estudo sobre o processo cautelar segundo o Direito Internacional Privado, *"no Brasil, além de ter sido, a decisão, proferida por juiz ou Tribunal competente, exigem-se outros requisitos, como os delineados nos artigos 483 e 484 do CPC (aquisição de eficácia), combinados com os artigos 215 e seguintes do Regimento Interno do Supremo Tribunal Federal."*

6. Considerações finais

Após elaborado o trabalho, cabe tecer algumas observações finais. Desde já adverte-se que essas digressões não têm a pretensão - e nem o poderiam - de constituir-se em objeto acabado, constituindo-se por isso em considerações, e não em conclusões. O fato de não se tecer conclusões propriamente ditas não causa qualquer receio. Consigne-se aqui que não se chegou ao fim deste estudo, que se propõe tão-somente a ser o marco inicial de uma longa pesquisa.

Diversas dificuldades surgiram, dentre as quais pode-se destacar a escassa bibliografia existente a respeito do tema. Aquela a que se teve acesso aborda apenas fragmentos do objeto deste estudo e, muitas vezes, é anterior aos novos textos legais reguladores da matéria. A jurisprudência, outrossim, é praticamente inexistente, e quando existe, não é, regra geral, aplicável à nova regulamentação aqui abordada.

De qualquer maneira, não obstante todas as dificuldades, é possível definirem-se alguns pontos básicos do quadro atual estabelecido no Mercosul acerca da cooperação jurisdicional, que merecem ser posteriormente aprofundados:

1. A integração econômica do Mercosul tem-se realizado de forma satisfatória, mas outros aspectos da integração, dentre os quais a interação e a cooperação entre sistemas judiciários, encontram-se bastante atrasados.

2. A regulamentação da cooperação jurisdicional no Mercosul é recente. Se por um lado trouxe algumas inovações, que conferem aos Estados uma maior dinâmica na solução das controvérsias surgidas, simplificando procedimentos, em alguns aspectos permanece burocratizada e insuficiente, não respondendo às necessidades impostas por esse novo mercado.

3. Assim sendo, faz-se mister uma ação em duas frentes: (a) aplicação, na prática, das inovações dispostas

nos mecanismos já existentes; e (b) criação de novos mecanismos de cooperação jurisdicional, mais ágeis e menos burocráticos.

4. O processo de integração é recente, assim como o é a legislação referente à cooperação jurisdicional. Os seus reais defeitos e virtudes, só a prática poderá demonstrar.

5. Há a necessidade de mudanças nas legislações internas dos Estados-Partes, buscando a sua harmonização, e, em especial, a eliminação dos óbices constitucionais à plena eficácia dos protocolos assinados, sem o que dificilmente haverá a integração projetada e almejada.

Importante salientar, por fim, que a cooperação jurisdicional é tema que deve merecer a atenção dos estudiosos e das autoridades envolvidas com o processo de integração. Como bem salientou Seitenfus (1995, p. 08), "o projeto de integração implica a cooperação econômica, mas não se esgota nela. Comprometimentos de cunho jurídico são indispensáveis para dar solidez ao processo e, se possível, irreversibilidade."

V

O exercício da advocacia no Mercosul frente à livre circulação de serviços e trabalhadores

DEBORA CRISTINA VIEIRA
Pesquisadora do Núcleo de Estudos Jurídico-Processuais do Mercosul, vinculado ao DPP/CCJ/UFSC.

SUMÁRIO: 1. Considerações iniciais; 2. O Mercosul e a livre circulação de serviços e de trabalhadores; 3. O novo perfil da advocacia; 4. Livre circulação de advogados no Mercosul: situação atual frente à legislação brasileira; 5. Entraves e perspectivas da livre circulação de advogados no Mercosul; 6. Considerações finais.

1. Considerações iniciais

O surgimento de blocos econômicos estruturados, tais como a União Européia e o Mercosul, traz uma série de novas realidades que precisam ser apreciadas à luz do direito. Um dos pontos centrais coloca-se na questão da solução dos conflitos que advém das relações, em especial as comerciais, que ocorrem no seio desses blocos, regidos pelo Direito Comunitário ou pelo Direito da Cooperação. Seja qual for a forma de solução dessas controvérsias, a presença do advogado é, regra geral, indispensável. Desse fato surgem algumas questões: pode o advogado habilitado em um país do bloco exercer livremente a atividade em outro, ou há a necessidade de habilitar-se também nesse outro país? Se esse outro país exigir exame para ingresso no quadro profissional, como faz o Brasil, o advogado já inscrito no seu país de origem estará dispensado de prestá-lo? Como fica a questão da diferença de formação (currículos dos cursos)?

Respostas a essas questões são necessárias. É preciso criar mecanismos de validação ou reconhecimento de diplomas entre os Estados-Partes dos blocos. É necessário, também, determinar qual o nível de aplicação que terão, no exercício da atividade advocatícia, a livre circulação de serviços e trabalhadores, quando da definitiva implantação do Mercado Comum. Interessa, outrossim, verificar o nível de integração que já é possível atingir nessa fase atual, de implementação da União Aduaneira.

Para buscar respostas e soluções para alguns desses problemas, procura-se, neste estudo, tratar das questões da livre circulação de serviços e trabalhadores, no âmbito dos Tratados e Protocolos do Mercosul, e sua influência sobre o exercício da advocacia. O trabalho envolveu pesquisa bibliográfica e documental, buscando, fundamentalmente, analisar descritivamente a situação.

2. O Mercosul e a livre circulação de serviços e de trabalhadores

Na busca por superar limitações e se inserir no comércio internacional em maiores condições de enfrentá-lo competitivamente, os países do Mercosul terão de somar esforços para implementar seus objetivos, através dos "princípios" transcritos no artigo 1º do Tratado de

Assunção, inerentes à idéia de Mercado Comum, quais sejam: "A livre circulação de bens, serviços e fatores produtivos entre os países, através, entre outros, da eliminação dos direitos alfandegários e restrições não-tarifárias à circulação de mercadorias e de qualquer outra medida de efeito equivalente." É bom lembrar, antes de prosseguir, que esses princípios constituem-se em normas programáticas do Mercosul, a serem atingidas quando da efetivação do Mercado Comum. Não são, portanto, neste momento, normas de eficácia plena. O tratado de Assunção, conforme deixa clara sua própria denominação, é *"Tratado para a constituição de um Mercado Comum ..."* (grifo do autor), e não um tratado *de* constituição de um Mercado Comum. Dessa caminhada de construção do Mercado Comum já transcorreu a primeira fase, findada em dezembro de 1994, que foi de construção da Zona de Livre Comércio. A partir de então iniciou-se a segunda fase, de edificação da União Aduaneira. Apenas após a sua materialização é que será possível ingressar, efetivamente, na fase de Mercado Comum[1].

---

[1] Pode-se conceituar essas três fases, conforme Luiz Olavo Baptista (1993), da seguinte forma: (a) zona de livre comércio: "na definição clássica, é o estabelecimento, pela via de tratados internacionais, da livre circulação das mercadorias sem barreiras ou restrições quantitativas ou aduaneiras, conservando os Estados integrantes total liberdade nas relações com terceiros países, inclusive em matérias relacionadas com importação e exportação"; (b) união aduaneira: "é um passo além da zona de livre comércio cujo elemento característico da livre circulação de mercadorias incorpora, completando-o com a adoção de uma *tarifa aduaneira comum*, 'eliminando os complexos problemas da definição das regras de origem'"; e (c) mercado comum: "ultrapassa e contém a união aduaneira, acrescentando-lhe a livre circulação dos demais fatores de produção: capital e trabalho, permitindo assim o livre estabelecimento e a livre prestação de serviços pelos profissionais. Praticamente tem-se, do ponto de vista econômico-comercial, um único universo, a que falta tão-só a moeda única para se equiparar ao que ocorre no interior dos estados". A implementação do mercado comum implica a adoção das cinco liberdades: livre circulação das mercadorias, liberdade de estabelecimento, livre circulação dos trabalhadores, livre circulação dos capitais e liberdade de concorrência.

Destacar-se-ão, do dispositivo acima mencionado, dois aspectos de incomensurável relevância, aspectos esses imprescindíveis quando se visa à abordagem do tema a que se propõe o presente estudo. Trata-se, pois, da "livre circulação de serviços" e "fatores produtivos", elementos frente aos quais analisar-se-á o exercício da advocacia no Mercosul.

Primeiramente, cumpre distinguir o que seja serviço, concebendo-o como o exercício de uma atividade, seja ela de cunho material ou intelectual. Trata-se, pragmaticamente, do serviço físico, dependente do esforço físico, quando braçal, daquele que o presta ou, ainda, de sua capacidade para operar equipamentos ou aparelhos, quando mecânico, ou intelectual, que, antagonicamente ao material, depende, regra geral, da inteligência ou preparo acadêmico do prestador do serviço em questão. É nessa categoria que se enquadram, por exemplo, os profissionais liberais, entre eles o advogado.

Estabelece o Tratado de Assunção a livre circulação de serviços. Depreende-se, daí, um verdadeiro preceito, uma característica inerente a um processo que almeja a consecução de uma efetiva integração econômica, que é, o que se espera, escopo precípuo do Mercosul.

A livre circulação de serviços tem, como pressuposto lógico, a livre circulação de pessoas, liberdade essa também fulcrada no supramencionado artigo 1º do Tratado de Assunção, posto que, para que prestem seus serviços, é imprescindível que as pessoas possam livremente circular no espaço além-fronteiras, no âmbito intra-Mercado Comum.

Enquanto a livre circulação de pessoas é um pressuposto da liberdade de prestação de serviços, a liberdade ou direito de estabelecimento é uma de suas conseqüências, ainda que não expressamente disposta no Tratado de Assunção, pois, na medida em que as pessoas possam livremente circular e, da mesma forma, desempenhar suas atividades e profissões, poderão, conseqüentemente, estabelecer-se. Ampara esse direito a possibilidade de pessoas, tanto físicas quanto jurídicas, de um Estado-Parte, instalarem-se, fisicamente, em outro, ensejando, portanto, como ressalta Paulo Borba Casella, "a criação de alguma estrutura de implantação" (1994, p. 368), para o exercício da atividade a que se propõe executar.

Essa liberdade consiste na possibilidade de pessoas, físicas ou jurídicas, nacionais de um Estado-Parte, prestarem seus serviços, livremente, nos demais. Pressupõe-se, inclusive, a autorização para os cidadãos, oriundos dos países que compõem o Mercado Comum, de fixar residência nesse âmbito, além do país de origem, a fim de desenvolver essa espécie de atividade não-assalariada, qual seja, a prestação de serviços, desfrutando das mesmas condições e submetendo-se à mesma legislação aplicada aos nacionais daquele país onde o serviço será prestado.

Como refere Paulo Borba Casella: "A prestação de serviços entre Estados-Membros normalmente se faz em três situações: o prestador de serviços se desloca, temporariamente, para o local no qual o serviço deve ser prestado; ou o prestador de serviços permanece no local em que está instalado, mas seu cliente viaja até o local, e vem procurá-lo, para contratar seus serviços; ou ainda, não ocorre qualquer deslocamento de pessoas, tanto o prestador de serviços quanto seu cliente permanecendo nos locais em que estão instalados, mas utilizando comunicação por via telefônica, por fax e/ou por via postal." (1994, p. 369)

O Tratado de Assunção também prevê a livre circulação de trabalhadores em seu artigo 1º, quando dispõe sobre a livre circulação de fatores produtivos, que se compõem do binômio capital/trabalho.

A prestação de serviços, vista anteriormente, distingue-se do "trabalho", embora com ele mantenha inúmeras semelhanças, na medida em que implica atividades de contratantes independentes, enquanto o "trabalho" implica a atividade de um indivíduo, regida por um vínculo trabalhista que mantém com seu empregador, ao qual é subordinado, contrastando, pois, com a "independência" peculiar à prestação de serviços.

Trabalhador, a partir de uma concepção jurídica, pressupõe uma condição de emprego, ou a execução de uma atividade por conta alheia ou mediante um salário, pagamento ou remuneração. Há, aqui, a presença de um vínculo empregatício, interligando empregador e empregado, caracterizando a subordinação deste em relação àquele, diferindo, portanto, da "independência" que norteia a prestação de serviços.

A livre circulação de trabalhadores consiste na extinção de quaisquer discriminações entre os trabalhadores dos Estados-Partes, em função de sua nacionalidade, no que concerne ao emprego e às condições de trabalho. Conseqüentemente, quando da efetiva implementação do Mercado Comum, poderão sujeitar-se às ofertas de emprego feitas nos Estados-Partes, assim como circular livremente no espaço territorial dos mesmos, a fim de responder às efetivas ofertas que lhes convierem, fixar residência num Estado-Parte, para ali exercer sua profissão, submetendo-se, em condições de igualdade, à mesma legislação que rege as relações de emprego dos trabalhadores nacionais.

Isso porque, o princípio da livre circulação de trabalhadores torna-se inútil, mera construção formal, se não forem implementadas as medidas necessárias à sua efetivação e das garantias dos direitos advindos das relações de emprego. Tal situação deve ser observada no que diz respeito à questão da previdência social, na qual é necessário que seja assegurado aos trabalhadores e seus dependentes o pagamento dos benefícios sociais a que têm direito. O que se tem constatado, entretanto, é que as diferenças entre os diversos regimes nacionais de previdência e seguridade social, assim como os obstáculos lingüísticos e culturais, correspondem, hodiernamente, aos maiores entraves à efetiva implementação da liberdade de circulação de trabalhadores no âmbito do Mercosul.

A despeito da existência de previsão legal, assegurando-a, e de sua imprescindibilidade, enquanto característica intrínseca ao Mercado Comum, a livre circulação de serviços e de trabalhadores depara-se com alguns óbices que dificultam sua efetiva implementação no âmbito do Mercosul. Tratam-se, precipuamente, das questões relativas à diferenciação, mais precisamente à discriminação que ocorre em virtude de normas que disciplinam o reconhecimento de diplomas e o exercício de profissões regulamentadas, caso da advocacia, por exemplo. Menciona, oportunamente, Umberto Forte, que "os principais problemas neste específico setor são atribuídos às diversas orientações didáticas no que diz respeito tanto aos títulos universitários quanto à formação e à qualificação profissional" (1994, p. 128). Isso ocorre, porque cada Estado-Parte tem exigências e qualificações específicas para recrutamento de seus profissionais, em matéria de experiência, qualificação e formação, que, regra geral, não são reconhecidas além de suas fronteiras. Uma das alternativas para a solução de tal impasse baseia-se na consecução de um paradigma único de reconhecimento recíproco[2], ou seja, definirem-se as exigências e qualificações necessárias para se considerar um indivíduo apto a exercer determinada atividade, seja ele nacional do país onde ela será desempenhada, seja proveniente de algum dos demais Estados-Partes, sendo vedada qualquer discriminação resultante de nacionalidade.

No caso do Brasil, a própria Constituição Federal de 1988 garante, no seu artigo 5º, XIII, a liberdade de "exercício de qualquer trabalho, ofício ou profissão,

---
[2] Na área da educação, já foram aprovados pelo CMC diversos protocolos. Nenhum deles, entretanto, trata da questão aqui levantada.

atendidas as qualificações que a lei estabelecer". De acordo com tal dispositivo constitucional e, concomitantemente, com o disposto no Tratado de Assunção, não procedem, ao menos em tese, quaisquer restrições ou discriminações fundadas no fato de um indivíduo não possuir nacionalidade brasileira, mesmo sendo ele oriundo de um dos países signatários do supramencionado Tratado, pois os nacionais dos demais Estados-Partes, em virtude da implantação do Mercosul, devem ser equiparados ao brasileiro ou estrangeiro residente no país. Basta que estejam aptos, ou seja, preencham as qualificações legais exigidas para o exercício da atividade a que visam exercer.

Destarte, conclui-se pela real necessidade de revisões legislativas e, inclusive, reformas constitucionais, não unicamente na esfera do ordenamento jurídico brasileiro, mas e fundamentalmente, em conjunto com os demais países do Mercado Comum, desconstituindo as barreiras que ainda obstam à livre circulação de serviços e trabalhadores, sem o que não será possível ao Mercosul transpor as fases de Zona de Livre Comércio e de União Aduaneira, para que possa realmente vir a constituir-se em um Mercado Comum.

Para que se consolide, efetivamente, um processo de integração, como o apregoado pelo Mercosul, é necessário que inúmeros esforços sejam empregados, precipuamente no que concerne à reestruturação dos ordenamentos jurídicos dos Estados-Partes, visando, se não à unificação, ao menos, à harmonização dos mesmos.

3. Livre circulação de advogados no Mercosul: situação atual frente à legislação brasileira

Partir-se-á, agora, para um enfoque mais específico e pragmático do exercício da advocacia na esfera dos

Estados-Partes do Mercosul, vislumbrando, *a priori*, uma visão geral dessa atividade no cenário nacional, enfatizando, principalmente, os requisitos necessários para o legal exercício da mesma.

O Estatuto da Advocacia e da Ordem dos Advogados do Brasil, disposto pela Lei nº 8.906, de 4 de julho de 1994, disciplina, em seus vários artigos, a atividade advocatícia no Brasil, estabelecendo requisitos, direitos e deveres daqueles que a desempenham, entre outras providências.

O artigo 1º prevê, como atividade privativa da advocacia: "I - a postulação a qualquer órgão do Poder Judiciário e aos juizados especiais;" e II - as atividades de consultoria, assessoria e direção jurídicas."

Dispõe, ainda, o Estatuto, que a defesa das prerrogativas profissionais de que goza o advogado existe não em virtude de sua condição pessoal, mas, e tão-somente, em razão da função pública que desempenha, que é, como informa o artigo 133 da própria Constituição Federal de 1988, indispensável à administração da justiça.

O artigo 3º do Estatuto em questão traz, em seu bojo, aspecto relevante quando correlacionado à livre circulação de serviços e trabalhadores, pois configura-se, aí, uma exigência ao exercício da profissão, dirigida tanto aos estrangeiros, quanto aos próprios brasileiros. É através desse artigo que se pode observar os limites para que o direito interno brasileiro possa harmonizar-se com a regra que diz respeito à livre circulação de bens, pessoas e serviços, estabelecida no Tratado de Assunção. Determina, o artigo 3º, que "O exercício da advocacia no território brasileiro e a denominação de advogado são privativos de inscritos na Ordem dos Advogados do Brasil - OAB." Os atos praticados sem a observação desse dispositivo serão gravados de nulidade, sem prejuízo das sanções civis, penais e administrativas que couberem.

O artigo 8º elenca os requisitos específicos para a inscrição na OAB e conseqüentemente, para o próprio exercício da advocacia no Brasil. Quais sejam:
"I - capacidade civil;
II - diploma ou certidão de graduação em direito, obtido em instituição de ensino oficialmente autorizada e credenciada;
III - título de eleitor e quitação do serviço militar, se brasileiro;
IV - aprovação em Exame de Ordem;
V - não exercer atividade incompatível com a advocacia;
VI - idoneidade moral;
VII - prestar compromisso perante o Conselho.

....

§ 2º O estrangeiro ou brasileiro, quando não graduado em direito no Brasil, deve fazer prova do título de graduação, obtido em instituição estrangeira, devidamente revalidado, além de atender aos demais requisitos previstos neste artigo."

A despeito dessas tantas exigências legais, fixadas pelo direito interno brasileiro, permanece a observância dos princípios basilares característicos do Mercado Comum do Sul, quais sejam, a livre circulação de bens, serviços e fatores produtivos, enfatizando o penúltimo?

Entende-se que tais exigências, refletidas em regras de direito interno, são perfeitamente válidas, uma vez que se aplicam tanto a estrangeiros quanto a nacionais, não se tratando, portanto, de medidas de cunho discriminatório em razão da nacionalidade, e não caracterizando, conseqüentemente, ofensa aos princípios fundamentais que norteiam o processo de integração, escopo do Mercosul. Não se deve considerar que as exigências de atributos especiais para se exercer a advocacia vão de encontro ao princípio da liberdade de circulação de serviços, desde que, obviamente, não acarretem qualquer espécie de discriminação em virtude da nacionalidade do indivíduo. Logo, conclui-se que os requisitos dispostos na legislação brasileira, mais precisamente, no Estatuto da Advocacia, devem ser observados por todos aqueles, nacionais ou não, que almejem obter sua inscrição na OAB.

Cumpre, finalmente, salientar que o profissional da advocacia não a exerce, apenas e tão-somente, como prestação de serviço, na qualidade de profissional liberal. É, destarte, cada vez mais expressivo o contingente de advogados empregados, ou seja, aquele que exerce seu trabalho mediante um vínculo empregatício entre ele, empregado, e empregador, ao qual é subordinado. Tem tal relação respaldo no princípio da livre circulação de trabalhadores e dela decorrem os demais direitos e garantias advindos da relação empregatícia.

5. Entraves e perspectivas da livre circulação de advogados no Mercosul

Entende Carlos Eduardo Manfredini Hapner, em artigo intitulado "Exercício da profissão de advogado no Mercosul", que:

"Admitidos os elementos da lei brasileira e rigorosamente dentro dos princípios que orientam a reciprocidade de tratamento entre os partícipes do Mercosul, compreendendo que o exercício da advocacia dentro dos países de nossa Comunidade depende da harmonização das legislações internas, quanto aos requisitos especiais, como um primeiro passo à perfeita integração.

A primeira fase dessa harmonização deverá resultar em que:

a) a advocacia perante o Poder Judiciário de cada Estado-membro deve continuar sendo prerrogativa dos advogados nacionais. Essa é uma conseqüência natural do processo de integração, resguardando os Poderes Judiciários de cada Estado dos óbvios atrapalhos que o

advogado estrangeiro causaria na organização dos trabalhos forenses;
 b) a advocacia extrajudicial (que o Estatuto brasileiro classifica como atividades de consultoria, assessoria e direção jurídicas) deve ser encaminhada no sentido de, desde já, ser permitida aos que detenham a qualificação de advogado em seus respectivos países, sendo recomendável que a legislação de harmonização apenas disponha que o advogado estrangeiro deva comunicar o Conselho Seccional ou o Colégio de Advogados da cidade ou região onde vá prestar serviços legais;
 c) a advocacia perante os tribunais do Mercosul e perante às cortes arbitrais privadas deverá se processar de acordo com os regulamentos dessas cortes, observadas as regras gerais para o exercício da advocacia dos países onde estiverem localizadas as cortes ou tribunais." (1995, pp. 395-6)

Na realidade, essas propostas, acima mencionadas, concernentes ao exercício da advocacia numa primeira fase de harmonização das legislações internas dos Estados-Partes do Mercado Comum do Sul, são algumas das decisões oriundas da reunião plenária do COADEM (Colégios e Ordens de Advogados do Mercosul), realizada nos dias 20 e 21 de agosto de 1994, da qual participaram advogados dos quatro países do Mercosul, decisões que se encontram expressas na 2ª Carta de Porto Alegre.

Quanto ao primeiro item, parece estar correta a manutenção, num primeiro momento, da prerrogativa dos advogados nacionais de advogarem perante seus respectivos Poderes Judiciários. Tal restrição, colocada aos advogados não-nacionais, mostra-se não só cabível, mas necessária, ao menos numa fase inicial. Nessa fase, faz-se mister que os advogados não-nacionais, que almejem exercer a advocacia em algum dos Estados-Partes do Mercosul, que não o seu de origem, dediquem-se, preliminarmente, ao conhecimento, integração e adaptação à estrutura judiciária do Estado no qual desejem executar suas atividades profissionais.

Observa-se, a partir daí, a plausibilidade de tal dispositivo, precipuamente, na medida em que se vislumbra, amiúde, os próprios advogados nacionais cometendo "gafes" esdrúxulas, decorrentes de sua "ignorância" com relação a elementos integrantes da estrutura e organização dos Poderes Judiciários em que atuam e às normas processuais vigentes em seu próprio país. Pode-se, então, imaginar as situações "catastróficas" que poderiam ocorrer, advindas da atuação de profissionais (advogados) estrangeiros, nas atividades forenses. Não se trata, porém, nesse caso, de incompetência desses profissionais, mas sim, do desconhecimento das regras do "jogo" no qual atuariam, desconhecimento esse que suscitará, entre outros, inconvenientes na desorganização dos trabalhos forenses e, principalmente, prejuízos para os que confiaram nos serviços daqueles profissionais.

Com relação ao segundo item, que dispõe sobre a advocacia extrajudicial, pode-se suscitar algumas questões, precipuamente, quando se analisa o mesmo frente à legislação brasileira. O antagonismo é indubitável, posto que, no Brasil, considera-se advogado aquele que preenche os requisitos elencados no artigo 8º do Estatuto da Advocacia e da Ordem dos Advogados do Brasil, disposto pela Lei nº 8.906, de 4 de julho de 1994. Conseqüentemente, inclusive aqueles que detêm a qualificação de advogados em seus países de origem, membros do Mercosul, para serem reconhecidos como tais no Brasil, devem ser aprovados em Exame de Ordem, como, aliás, nossos próprios nacionais, além de cumprirem as demais exigências textualmente expressas no já referido artigo 8º e seu parágrafo 2º.

Contudo, é possível interpretar o item "b", considerando-se a aplicação direta das liberdades expressas no Tratado de Assunção, especificamente, as liberdades de circulação de serviços e trabalhadores. Nesse caso, entender-se-ia correto e aceitável o texto da referida disposição, pois, estando o indivíduo reconhecido e qualificado como advogado em seu país (membro do Mercosul) de origem, e, por conseguinte, apto ao exercício dessa atividade em seu Estado nacional, está-lo-ia, também, nos demais países estrangeiros, constituintes do Mercado Comum do Sul.

Todavia, tal posição se evidencia com extrema radicalidade, pois esse tipo de interpretação deveria estar calcado numa realidade na qual existisse, efetivamente, a necessária harmonização das legislações internas, quanto aos requisitos para o exercício da atividade advocatícia. De outro, a aplicação direta das liberdades previstas no Tratado de Assunção, implicaria que esses profissionais pudessem atuar também na advocacia forense, já que a legislação brasileira não diferencia os profissionais que nela atuam daqueles que fazem a advocacia extrajudicial. Isso colocaria por terra a proposta do item "a".

Ao lado disso, a 2ª Carta de Porto Alegre, ao tratar do item ora analisado, disciplina, absurdamente, que o advogado não-nacional, no que se refere à atividade de consultoria, assessoria e direção jurídicas, deve ser assessorado por um advogado nacional, a fim de assegurar o exercício adequado dos direitos dos cidadãos. Vislumbra-se, aqui, uma ultrajante imposição, que fere, inclusive, a liberdade do indivíduo não-nacional, pois a ele cabe optar pelo meio que melhor lhe convier para conhecer e se familiarizar com o direito estrangeiro, assim como se julgar apto ou não para, adequadamente, assegurar o exercício dos direitos daqueles a quem prestam seus serviços.

Por conseguinte, a assessoria de um advogado nacional poderá até ser uma alternativa ao profissional não-nacional, para amenizar os percalços inevitavelmente encontrados na "novidade" que, regra geral, representa uma cultura jurídica estranha, na qual se encontra inserido, desde que seja uma opção, e não uma imposição, como enseja o documento supracitado.

A despeito da garantia "textual" das liberdades de circulação de serviços e trabalhadores, quando do estabelecimento do Mercado Comum (Tratado de Assunção), questiona-se sua possibilidade e efetividade, do ponto de vista pragmático.

Pense-se num advogado que se estabeleça em algum dos países do Mercosul, que não o seu de origem, com o intuito de exercer a atividade advocatícia. Não se vislumbram, nesse fato, *a priori*, maiores problemas, posto que tal procedimento está respaldado pelas garantias expressas no Tratado de Assunção.

O principal obstáculo que se apresenta é a provável falta de preparação para atuar em ordenamentos e culturas jurídicas diversos dos de seu Estado nacional. É utópico pensar que um advogado, argentino, por exemplo, que, em tese, estivesse apto a exercer a advocacia em qualquer dos países do Mercado Comum do Sul, está-lo-ia, concomitantemente, na prática. Pelo menos é o que se pode concluir se a atual conjuntura perdurar quando do estabelecimento do Mercado Comum. Pois, para isso, teria que deter os conhecimentos necessários, relativos às estruturas dos Poderes Judiciários, diferentes práticas forenses, legislações, etc., do Brasil, Paraguai e Uruguai, tarefa extremamente difícil, que acabaria por inviabilizar a circulação do profissional, advogado, no âmbito do Mercosul.

O que ocorre é que os países acima mencionados possuem inúmeras diferenças, de cunho cultural, econômico, político, social, assim como jurídicas. O direito não é encarado homogeneamente nos quatro Estados. Depara-se, constantemente, com mesmos institutos jurídicos sendo disciplinados doutrinária, jurisprudencial e legalmente, de formas diversas.

Portanto, não se trata somente do cumprimento, ou não, de determinados requisitos especiais para que se seja reconhecido como advogado, trata-se, sim, de um problema muito mais complexo. Cumpre saber, se um advogado não-nacional detém, ou não, os conhecimentos mínimos do ordenamento jurídico, sua estrutura, legislação, etc., do país no qual deseja atuar, o que é imprescindível, tanto na advocacia judicial, como também na exercida extrajudicialmente.

Sem dúvida, essas diferenças emperram o movimento dos operadores jurídicos no seio desse bloco econômico, bem como o fortalecimento do próprio processo integracionista. É imprescindível harmonizar as legislações, nas áreas pertinentes, o que, aliás, foi explicitado no Tratado de Assunção a título de compromisso dos quatro signatários, com o escopo de facilitar a consecução do objetivo de integração ao qual se propuseram.

Uma outra mudança, de suma importância, que favoreceria, incomensuravelmente, a circulação de advogados, enquanto prestadores de serviços, ou trabalhadores, no Mercosul, seria a reforma curricular dos cursos jurídicos. É fundamental que instituições ou autoridades competentes, representando os Estados-Partes, reúnam-se em torno desse objetivo, cuja realização será basilar para a implementação das garantias estabelecidas no Tratado de Assunção. Deve-se propor a criação de um currículo mínimo comum aos cursos jurídicos nos países constituintes do Mercosul, primando pela devida valorização do "Direito da Cooperação".

Tal procedimento apresentaria indubitável eficácia na solução de problemas relativos ao reconhecimento de diplomas, assim como forneceria ao estudante de direito os conhecimentos elementares dos ordenamentos jurídicos argentino, brasileiro, paraguaio e uruguaio, facilitando, assim, a livre circulação no âmbito dos diferentes sistemas educacionais e profissionais.

Outro entrave é a deficiente formação contemplada nas faculdades de direito, particularmente, as brasileiras, as quais se pode, com maior proximidade, analisar. A maior parte dos cursos jurídicos ainda tem, como "espinha dorsal", paradigmas arcaicos de ensino, caracterizados por reproduzirem, nas salas de aula, conhecimentos eminentemente dogmáticos e ultrapassados. Não se costuma garantir espaços significativos para o estudo e discussão de assuntos mais amplos, mais comprometidos com as evoluções e transformações em níveis social, político, econômico e, obviamente, jurídico. Infelizmente, não se tem acompanhado a complexidade das mudanças que se sucedem, com uma velocidade estonteante, no âmago das sociedades.

O fenômeno da globalização, que traz em seu bojo a formação de mercados comuns, de blocos econômicos, e no qual está inserido o próprio Mercosul é, inescondivelmente, uma das tendências mais significativas e palpáveis da atualidade.

Ocorre que, a estrutura da maioria dos cursos jurídicos, acompanhada de seus respectivos corpos docentes, não está apta, e parece não haver efetivas intenções de reverter tal quadro, a satisfazer às demandas de uma nova realidade. Não existem, regra geral, disciplinas específicas sobre o Mercosul, o processo de integração que dele advém, o que há em termos de legislação pertinente, o estudo dessas legislações, os maiores problemas encontrados, possíveis soluções. Enfim, o estudante de direito não está sendo decentemente preparado para enfrentar a realidade que o espera fora da sala de aula, inclusive sob o ponto de vista profissional. O Mercosul é apenas "pincelado" quando se ministra a(s) disciplina(s) de direito internacional.

O Mercosul representa, e tende a representar cada vez mais, novas e maiores oportunidades de emprego, que, fatalmente, serão desperdiçadas ou mal-aproveitadas, caso essas questões não sejam revistas, e reformas urgentes não ocorram.

Esses fatos acabam por gerar o desconhecimento do aparato legal relativo ao Mercado Comum do Sul, assim como o exíguo número de publicações nessa área. É imperioso que as universidades desempenhem, eficazmente, seu papel, formando profissionais qualificados e comprometidos com a realidade, sujeitos ativos na construção da nova ordem mundial, que busca, fundamentalmente, a integração, a despeito do "ostracismo" no qual algumas nações insistem em permanecer.

Outra possibilidade que se coloca para a solução dos problemas aqui levantados é a aprovação de protocolo específico estabelecendo limites à livre circulação de advogados, ou um cronograma adequado à sua integral implementação. Na primeira opção, o que ocorreria efetivamente seria a criação, através de normas específicas, de exceções ao princípio geral. Já a segunda opção não criaria essas exceções, mas implicaria a liberação paulatina da livre circulação, que teria então de ser acompanhada da harmonização das legislações e, principalmente, dos currículos das faculdades de direito do Mercosul.

6. Considerações finais

Assiste-se, hodiernamente, a uma inegável tendência de globalização e conseqüente integração das economias mundiais, dela emergindo a formação de blocos econômicos, entre eles o Mercosul, no âmbito do qual se buscou trabalhar, em linhas gerais, algumas questões concernentes ao exercício da advocacia.

O papel do operador jurídico, em especial do advogado, é de suma importância no contexto atual, precipuamente o relacionado ao direito internacional, que vem sendo, diuturnamente, dinamizado pelo processo de integração, que faz nascer consigo um conjunto de novas relações jurídicas, frente às quais o advogado precisa estar preparado. A advocacia pode ser exercida de duas formas, quais sejam, como prestação de serviços, ou trabalho. A primeira é caracterizada pela independência de que dispõe o prestador na execução de suas atividades, e o advogado, neste caso é chamado de profissional liberal. A segunda, por sua vez, caracteriza-se pelo vínculo empregatício estabelecido, por um contrato de trabalho, entre empregado (advogado) e empregador, ao qual aquele é subordinado.

Essas duas formas de exercício da advocacia são respaldadas por "princípios" estabelecidos no artigo 1º do Tratado de Assunção. A prestação de serviços, pela "liberdade de circulação de serviços", que implica o direito dos nacionais de um Estado-Parte circular, estabelecer-se, enfim, prestar, livremente seus serviços nos demais Estados-Partes do Mercosul, não podendo ser passível de discriminação em razão de sua nacionalidade, sujeitando-se, todavia, às exigências específicas para o exercício da atividade a que visa desenvolver, exigências essas, feitas, também, aos seus nacionais. A segunda, por sua vez, é respaldada pelo princípio da liberdade de circulação de trabalhadores, norteada pelo princípio da igualdade, ou seja, os trabalhadores de um Estado-Parte que desejarem desempenhar suas funções em outro, deverão ser tratados em igualdade de condições dos seus nacionais, no que tange, por exemplo, a ofertas de emprego, direitos previdenciários e de seguridade social, etc., sendo vedada qualquer discriminação decorrente de sua nacionalidade.

Esses direitos ganharão contornos mais definidos de efetividade, quando alguns óbices forem desconstituídos ou, ao menos, amenizados, como, por exemplo, os problemas derivados das diferenças lingüísticas, culturais e, principalmente, legislativas, que ainda emperram a verdadeira integração, escopo idealizado pelo Mercosul.

De qualquer forma, a livre circulação de serviços e trabalhadores são características inerentes à fase de integração conhecida como Mercado Comum, ainda não atingida pelo Mercosul, que se encontra, neste momento, na fase e implantação da União Aduaneira. Nesse sentido, é necessário que durante esse período se definam os níveis em que essas liberdades serão realmente implementadas e se criem as condições necessárias para viabilizá-las, para que não se transformem em apenas mais uma norma programática.

VI

Mercosul: uma introdução ao protocolos que tratam de matéria processual

HORÁCIO WANDERLEI RODRIGUES
Mestre e Doutor em Direito pela UFSC (SC), onde é Professor Titular de Teoria Geral do Processo e Coordenador do Núcleo de Estudos Jurídico-Processuais do Mercosul, vinculado ao DPP/CCJ/UFSC.

SUMÁRIO: 1. Considerações iniciais; 2. As controvérsias entre Estados-Partes; 3. As controvérsias entre Estados-Partes e particulares; 4. As controvérsias entre particulares pertencentes a diferentes Estados-Partes; 5. As insuficiências existentes e as suas possíveis soluções. 6. Considerações finais.

1. Considerações iniciais

Parece ser desnecessário destacar a importância da formação do Mercosul, sob os aspectos político, econômico e social. É, entretanto, na área do Direito que terão de ser fixados os seus contornos e os instrumentos pelos quais ele funcionará e terá suas controvérsias solucionadas.

No entanto, quer em termos quantitativos, quer em termos qualitativos, apenas razoável tem sido a produção acadêmica brasileira[1] sobre esse "projeto" de Mercado Comum, inclusive seus aspectos jurídicos. Muito menos se tem produzido, até o momento, sobre a questão específica dos mecanismos de solução das controvérsias que surgirem no seu seio.

Isso se deve, em grande parte, ao fato de que essas controvérsias só agora devem começar a se concretizar, tendo em vista que a institucionalização do Mercosul ocorreu somente em dezembro de 1994. Ou seja, é neste momento histórico que os problemas deverão começar a surgir na prática, fornecendo, então, o necessário material empírico para o estudo da efetividade dos instrumentos criados, mostrando a necessidade, ou não, do surgimento de outros.

Nesse sentido, este artigo buscará, fundamentalmente, descrever os instrumentos de solução de controvérsias já existentes no âmbito do Mercado Comum, bem como aqueles ainda em fase de implementação, em três diferentes níveis: (a) entre os Estados-Partes; (b) entre particulares (pessoas físicas e jurídicas) e Estados-Partes; e (c) entre particulares (pessoas físicas e jurídicas) pertencentes a diferentes Estados-Partes.

Essa visão panorâmica é insuficiente, mas frente à grande desinformação existente sobre o tema, passa a ser fundamental, como meio de fornecer subsídios iniciais para todos aqueles que ainda não tiveram oportunidade de acesso a esse conhecimento.

---

[1] É importante destacar que se fala aqui de uma forma mais genérica. Há excelentes trabalhos publicados, entre os quais é absolutamente necessário destacar aqueles organizados e/ou produzidos por Paulo Borba Casella, Maristela Basso, Luiz Olavo Baptista, Aramiranta de Azevedo Mercadante, Werter R. Faria, Deyse de Freitas Lima Ventura, Haroldo Pabst, entre outros.

2. As controvérsias entre Estados-Partes

A solução das controvérsias entre os Estados-Partes do Mercosul é uma preocupação que aparece, no seu conjunto normativo, desde o *Tratado de Assunção*. Esse, em seu artigo 3º, estabeleceu que, durante o período de transição, adotar-se-ia um sistema de solução de controvérsias, conforme definido no anexo III. O anexo assim estabelecia o procedimento para a solução das controvérsias: (a) as negociações diretas como instrumento fundamental; (b) não resolvida a controvérsia, seria ela submetida à consideração do GMC; (c) não sendo alcançada solução no âmbito do GMC, elevar-se-ia a controvérsia ao CMC. Esse anexo também determinou o prazo de cento e vinte dias, a partir da entrada em vigor do Tratado, para a apresentação, pelo GMC, de um sistema de solução de controvérsias a vigorar durante o período de transição, o que deu origem ao Protocolo de Brasília, de dezembro de 1991. Já no que se refere à adoção de um Sistema Permanente de Solução de Controvérsias para o Mercosul, estabelece o Protocolo de Ouro Preto, em seu artigo 44: "Antes de culminar o processo de convergência da tarifa externa comum, os Estados-Partes efetuarão uma revisão do atual sistema de solução de controvérsias do Mercosul, com vistas à adoção do sistema permanente a que se refere o item 3 do Anexo III do Tratado de Assunção e o artigo 34 do Protocolo de Brasília."

2.1. O Protocolo de Brasília

O Protocolo para a Solução de Controvérsias, denominado Protocolo de Brasília, possui trinta e seis artigos, distribuídos em seis capítulos, cujos conteúdos são: âmbito de aplicação, negociações diretas, intervenção do GMC, procedimento arbitral, reclamações de particulares e disposições finais.

O capítulo I, que trata do âmbito de aplicação, estabelece (art. 1º) que serão submetidas aos procedimentos estabelecidos no Protocolo de Brasília as controvérsias que tiverem por objeto interpretação, aplicação ou descumprimento das normas do Mercosul, ocorridas entre os Estados-Partes. O capítulo VI traz as disposições finais, dentre as quais se deve destacar a que dispõe que a vigência do Protocolo ocorrerá até que entre em vigor o Sistema Permanente de Solução de Controvérsias para o Mercosul (art. 34), o que ainda não ocorreu. No que se refere ao capítulo V, que trata das reclamações de particulares, cuidar-se-á no item 5 deste trabalho. O objeto a ser aqui destacado é composto pelos capítulos II, III e IV, que definem os instrumentos de solução das controvérsias que ocorrerem entre Estados-Partes do Mercosul.

O primeiro instrumento de solução de controvérsias constante do Protocolo de Brasília são as *Negociações Diretas*. Embora a elas sejam destinados apenas dois artigos, são consideradas o principal instrumento para a solução de controvérsias entre Estados-Partes, no seio do Mercado Comum. O texto do artigo 2º é claro nesse sentido, ao estabelecer que os Estados que forem partes em uma controvérsia, "procurarão resolvê-la, inicialmente, mediante negociações diretas". A utilização da expressão "inicialmente" demonstra claramente que esse meio deve ser utilizado, obrigatoriamente, antes de qualquer outro. O prazo para a conclusão das negociações diretas é de quinze dias, contados da data em que foi suscitada a controvérsia, que apenas poderão ser excedidos se houver acordo entre as partes (art. 3.2). Há também a necessidade de que o GMC seja informado sobre as negociações e seus resultados (art. 3.1).

O segundo instrumento, denominado de *Intervenção do Grupo Mercado Comum*, pode ser utilizado quando a controvérsia não for resolvida pelas negociações diretas, ou o for apenas parcialmente (art. 4.1). É garantida, nessa etapa, a manifestação de ambas as partes e o assessoramento de peritos (art. 4.2.), sendo as despesas custeadas pelos Estados envolvidos na controvérsia, em partes iguais, ou na proporção definida pelo GMC (art. 4.3). O prazo para a realização da Intervenção do GMC é de, no máximo, trinta dias (art. 6º), ao término do qual serão formuladas recomendações aos Estados-Partes, buscando a solução da controvérsia (art. 5º).

O *Procedimento Arbitral* é o terceiro instrumento previsto pelo Protocolo aqui descrito. É também aquele que ocupa o maior número de artigos: dezoito. A sua utilização é cabível apenas quando a controvérsia não for solucionável pelos instrumentos já referidos anteriormente. É o que determina o artigo 7º, item 1, ao estabelecer a sua utilização "quando não se puder solucionar a controvérsia mediante a aplicação dos procedimentos referidos nos capítulos II e III". O procedimento arbitral, na forma prevista no Protocolo de Brasília, inicia com a comunicação à Secretaria Administrativa, por parte de um dos Estados envolvidos na controvérsia, da sua intenção de recorrer a esse instrumento (art. 7.1). Os trâmites para o desenvolvimento do procedimento serão de responsabilidade da Secretaria Administrativa que, de início, deverá notificar os demais Estados envolvidos na controvérsia (art. 7.2). É também fundamental destacar a cláusula presente no artigo 8º, que contém declaração dos Estados-Partes de que reconhecem como obrigatória, sem a necessidade de acordo especial, a jurisdição do tribunal arbitral que se constitua em cada caso, bem como se comprometem a cumprir as suas decisões.

Os artigos 9º a 14 do Protocolo de Brasília tratam especificamente da indicação dos árbitros. Sobre essa questão é importante destacar alguns pontos: (a) cada Estado-Parte deve designar dez árbitros, que formarão a lista de árbitros do Mercosul, depositada na SAM; (b) todo tribunal arbitral *ad hoc* será composto de três árbitros pertencentes à lista depositada na SAM; (c) quando ocorrer uma controvérsia para a qual seja necessária a formação de juízo arbitral, cada um dos Estados nela envolvidos nomeará um árbitro e um suplente; (d) quando dois ou mais Estados sustentarem a mesma posição na controvérsia, nomearão um único árbitro; (e) o terceiro árbitro será designado de comum acordo entre os Estados envolvidos na controvérsia e não poderá ser nacional de nenhum deles; (f) o prazo para a nomeação dos árbitros é de quinze dias a partir da comunicação, feita pela SAM aos Estados-Partes, de que um deles deseja recorrer à arbitragem; (g) quando um dos Estados não nomear seu árbitro, a SAM o fará entre os árbitros desse país, obedecida a ordem estabelecida na lista; (h) além da lista de árbitros já referida, haverá outra, com dezesseis nomes, organizada pelo GMC, formada por nacionais dos Estados-Partes e de outros países latinoamericanos, em partes iguais, também depositada na SAM; (i) não havendo acordo entre os Estados para a designação do terceiro árbitro, será ele designado por sorteio, realizado pela SAM, entre aqueles que constam da lista organizada pelo GMC; (j) exige-se dos árbitros que compõem ambas as listas, "reconhecida competência nas matérias que possam ser objeto de controvérsia" (art. 13). As despesas com os árbitros, tendo em vista o que dispõe o artigo 24, serão, no que se refere àqueles nomeados pelos Estados, de sua responsabilidade. Já as despesas do Presidente e as demais despesas do tribunal arbitral serão custeadas em conjunto pelos Estados envolvidos na controvérsia, em partes iguais, podendo o Tribunal decidir pela aplicação de uma proporção diferenciada.

O tribunal arbitral, em cada caso, definirá o Estado-Parte onde fixará a sua sede e adotará regras próprias de procedimento, devendo garantir que o processo se realize de forma expedita e assegurar, a cada um dos Estados envolvidos na controvérsia, a ampla defesa e o direito de informar o Tribunal das tentativas anteriores à sua instalação e dos fundamentos de fato e de direito que embasam suas posições, bem como da designação de representantes e assessores para a defesa de seus direitos perante o Tribunal (arts. 15, 16 e 17).

No que se refere aos poderes do tribunal arbitral, pode ele determinar medidas provisórias (art. 18), bem como, quando as partes assim convierem, decidir por eqüidade. Como regra, entretanto, deve ele decidir com base nas normas específicas do Mercosul (art. 19). As decisões do Tribunal serão manifestadas por escrito e tomadas por maioria, no prazo de dois meses, prorrogáveis por mais trinta dias, devendo serem motivadas e assinadas por todos os seus membros. O prazo para proferir a decisão começa a correr da nomeação do Presidente do Tribunal (art. 20). A não ser que o Tribunal determine de forma diferente, as suas decisões devem ser cumpridas imediatamente, a partir do recebimento da notificação, sendo inapeláveis e obrigatórias (força de coisa julgada) para os Estados-Partes na controvérsia (art. 21). Entretanto, permite o artigo 23 que qualquer dos Estados-Partes na controvérsia, no prazo de quinze dias da notificação da decisão, solicite esclarecimentos a seu respeito, bem como interpretação sobre como deverá ser cumprida, podendo o Tribunal suspendê-la até que decida acerca do pedido apresentado.

Sobre o juízo arbitral, parece ainda fundamental destacar o disposto no artigo 22, que determina que o não-cumprimento da decisão, no prazo de trinta dias, autoriza os demais Estados-Partes a adotarem "medidas compensatórias temporárias, tais como a suspensão de concessões ou outras equivalentes, tendentes a obter seu cumprimento".

O privilegiamento dos equivalentes jurisdicionais, presente do Protocolo de Brasília, em especial o procedimento arbitral, como instrumentos de solução de controvérsias, e a não-criação de um tribunal supranacional, trazem para a experiência do Mercosul, nesse aspecto, um importante diferencial em relação à União Européia. Será necessário acompanhar detidamente o funcionamento desses mecanismos e seus resultados empíricos, pois encontra-se aí um elemento fundamental, de cuja eficácia depende a experiência integracionista sul-latino-americana para que possam atingir seus objetivos. É esse acompanhamento que permitirá rever o modelo adotado, se necessário, quando da edição do Sistema Permanente de Solução de Controvérsias para o Mercosul.

2.2. O Protocolo de Ouro Preto

O Protocolo de Ouro Preto, no que se refere à solução de controvérsias entre Estados-Partes, trouxe um elemento novo. Ao criar a Comissão de Comércio do Mercosul (CCM), atribuiu-lhe, no artigo 21, poderes para "considerar reclamações apresentadas pelas Seções Nacionais da Comissão de Comércio do Mercosul, originadas pelos Estados-Partes ou demandas de particulares - pessoas físicas ou jurídicas -, relacionadas com as situações previstas nos artigos 1º ou 25 do Protocolo de Brasília, quando estiverem em sua área de competência."

Para permitir a efetivação dessa competência atribuída à CCM, o Protocolo de Ouro Preto inclui um anexo, denominado "Procedimento geral para reclamações perante a Comissão de Comércio do Mercosul", composto de sete artigos. Esse procedimento pode ser resumido da seguinte forma: (a) a reclamação deve ser apresentada perante a Presidência da CCM; (b) a Presidência da CCM buscará incorporar o tema na agenda da primeira reunião da Comissão, respeitando a antecedência mínima de uma semana; (c) não sendo tomada nenhuma decisão nessa reunião, sem outro trâmite, a CCM remeterá os antecedentes a um comitê técnico; (d) no prazo máximo de trinta dias esse comitê preparará e encaminhará à CCM parecer conjunto ou conclusões dos especialistas que o compõem; (e) na primeira reunião ordinária posterior ao recebimento do parecer ou das conclusões, ou em reunião extraordinária convocada para esse fim, a CCM decidirá sobre a questão; (f) não havendo consenso nessa reunião, a CCM encaminhará ao GMC as alternativas propostas, acompanhadas do parecer ou conclusões do comitê técnico; (g) o GMC pronunciar-se-á no prazo de trinta dias, contados do recebimento das propostas encaminhadas pela CCM; (h) havendo consenso sobre a procedência da reclamação, quer seja no âmbito da CCM ou no GMC, deve o Estado-Parte reclamado tomar as medidas aprovadas; (i) a CCM ou o GMC, conforme for o caso, fixará o prazo para a implementação dessas medidas; (j) decorrido o prazo sem que o Estado-Parte reclamado tenha tomado as medidas necessárias, o Estado-Parte reclamante poderá recorrer diretamente ao procedimento arbitral, na forma prevista no Protocolo de Brasília. O recurso diretamente ao tribunal arbitral também poderá ocorrer quando não houver consenso em nenhuma das instâncias a que se refere o procedimento, ou seja, a CCM e o GMC.

    Tendo em vista que não houve a revogação de nenhuma das normas contidas no Protocolo de Brasília, deve-se entender esse anexo ao Protocolo de Ouro Preto como instituidor de um procedimento alternativo ao previsto naquele instrumento jurídico, alternativa essa que só será possível quando a questão enquadrar-se dentro da área de competência da CCM. Essa leitura impõe-se pelo texto expresso no parágrafo primeiro do artigo 21 anteriormente mencionado, que assim dispõe: "O exame das referidas reclamações no âmbito da Comissão de Comércio do Mercosul não obstará a ação do

Estado-Parte que efetuou a reclamação ao amparo do Protocolo de Brasília para Solução de Controvérsias." O novo procedimento subtrai a participação do GMC como fase imediatamente posterior às negociações diretas, sendo que ela só ocorrerá efetivamente após a manifestação da CCM, quando essa Comissão não chegar a um consenso. Ou seja, na prática, o que o Protocolo de Ouro Preto traz de novo é a possibilidade de uma instância intermediária entre a negociações diretas e a busca de solução através do GMC, representada pela apresentação de reclamação perante a CCM, quando for matéria de sua competência. Ocorrendo a opção por esse procedimento, o conhecimento da questão, por parte do GMC, ocorrerá nos casos e pela forma previstos no Protocolo de Ouro Preto, e não mais naqueles previstos pelo Protocolo de Brasília. No que se refere às negociações diretas, embora o anexo do Protocolo de Ouro Preto a elas não se refira, tendo em vista ser o Protocolo de Brasília a norma principal sobre a matéria, parece impor-se a regra de que elas compõem a fase inicial do processo de solução de controvérsias, seja qual for o procedimento escolhido pelo Estado requerente (naqueles casos em que essa opção for possível).

3. As controvérsias entre Estados-Partes e particulares

Às controvérsias envolvendo particulares (pessoas físicas ou jurídicas), relativas às reclamações por eles efetuadas "por motivo da sanção ou aplicação, por qualquer dos Estados-Partes, de medidas legais ou administrativas de efeito restritivo, discriminatórias ou de concorrência desleal" (art. 25), em infração às normas do Mercado Comum, aplicar-se-á o procedimento específico definido no Protocolo de Brasília, nos artigos 26 a 29 e 32. Esse procedimento pode assim ser resumido: (a) o particular formaliza a reclamação perante a Seção Nacional do GMC do Estado-Parte onde tenha sua residência habitual ou a sede de seus negócios; (b) não estando a questão pendente de solução em procedimento de solução de controvérsias entre Estados-Partes, na forma vista anteriormente, poderá a Seção Nacional do GMC, em consulta com o particular afetado, buscar a solução imediata através de contatos diretos com a Seção Nacional do GMC do Estado-Parte ao qual se atribui a infração, *ou* levar a reclamação diretamente ao GMC; (c) não sendo a questão resolvida diretamente, pelo procedimento referido na primeira parte do item anterior, no prazo de quinze dias, contados da comunicação da reclamação ao Estado-Parte ao qual se atribui a infração, a Seção Nacional do reclamante poderá, a seu pedido, levá-la ao GMC, independentemente de qualquer outro trâmite; (d) recebida a reclamação pelo GMC, tem ele duas possibilidades: concluir, após análise dos seus fundamentos, que a reclamação não reúne os requisitos necessários para o seu prosseguimento, caso em que a denegará de forma direta e imediata, *ou* não denegar a reclamação, devendo, então, convocar um grupo de peritos para, no prazo de trinta dias contados de sua designação, emitir decisão sobre a sua procedência; (e) durante o prazo definido para o trabalho dos peritos, será garantida oportunidade para que ambas as partes se manifestem e apresentem seus argumentos; (f) a decisão dos peritos será levada ao GMC. Tendo ela reconhecido a procedência da reclamação, qualquer Estado-Parte do Mercado Comum poderá solicitar a adoção de medidas corretivas, ou a anulação daquelas questionadas; (g) não logrando resultado a solicitação apresentada, o Estado-Parte que a tiver efetuado poderá recorrer ao procedimento arbitral, na forma definida no Protocolo de Brasília.

Quando a matéria estiver na área de competência da Comissão de Comércio do Mercosul (arts. 16 e 19 do

POP), poderá o particular apresentar a reclamação perante a Seção Nacional da CCM, situação na qual o procedimento a ser seguido será o definido no anexo ao Protocolo de Ouro Preto, já descrito quando da análise dos instrumentos de solução de controvérsias entre Estados-Partes. É importante salientar, novamente, o que dispõe o parágrafo primeiro do artigo 21 daquele Protocolo: a apresentação e exame de reclamação no âmbito da CCM não obsta a ação do Estado-Parte que tenha efetuado reclamação sob o amparo do Protocolo de Brasília. Ou seja, o instrumento criado pelo Protocolo de Ouro Preto é apenas uma alternativa, não-obrigatória e não-impeditiva da utilização do procedimento do Protocolo de Brasília, que continua em plena vigência.

No que se refere aos peritos, dedica-lhes o Protocolo de Brasília os artigos 30 e 31, que podem ser assim sistematizados: (a) cada Estado-Parte indicará seis pessoas, com reconhecida competência nas matérias que possam ser objeto de controvérsia, com a finalidade de constituir a lista de peritos do Mercosul, que ficará registrada na SAM; (b) em cada controvérsia específica, o grupo de peritos contará com três membros eleitos, mediante acordo, pelo GMC. Na ausência de acordo, serão sorteados da lista registrada na SAM, situação na qual, salvo decisão em contrário do próprio GMC, um dos peritos não poderá ser nacional de nenhum dos Estados-Partes envolvidos; e (c) as despesas decorrentes da atuação dos peritos serão custeadas em partes iguais pelos interessados, ou na proporção que for determinada pelo GMC, dependendo, nesse último caso, de acordo.

Como se percebe da rápida descrição do procedimento referente às reclamações de particulares, não possui o Mercosul, até o momento, um instrumento pelo qual possa o particular que tenha seu direito lesado por um Estado-Parte, em questão ligada ao Mercado Comum, buscá-lo de forma direta. Terá sempre de fazê-lo através da Seção Nacional do GMC de seu Estado ou, quando cabível, da Seção Nacional da CCM. Esse procedimento, tendo em vista os interesses políticos dos próprios Estados-Partes, pode acarretar sérios problemas aos particulares, funcionando, na prática, como um instrumento de cerceamento do acesso à justiça, garantia fundamental em todo e qualquer Estado democrático de Direito. De outro, possibilita soluções políticas negociadas, o que, na atual fase de edificação e consolidação do Mercosul pode ser essencial.

4. As controvérsias entre particulares pertencentes a diferentes Estados-Partes

Não há, neste momento, no âmbito do Mercosul, nenhum instrumento efetivo de solução de controvérsias entre particulares, quer sejam eles pessoas físicas ou jurídicas[2]. Nesse sentido, continuam essas controvérsias a serem resolvidas pelos Poderes Judiciários dos respectivos Estados. Tendo em vista esse fato, guardam importância para essa temática cinco protocolos assinados no âmbito do Mercado Comum, a saber: (a) Protocolo sobre Jurisdição Internacional em Matéria Contratual (Protocolo de Buenos Aires); (b) Protocolo de Cooperação e Assistência Jurisdicional em Matéria Civil, Comercial, Trabalhista e Administrativa (Protocolo de Las Leñas); (c) Protocolo de Medidas Cautelares; (d) Protocolo sobre Responsabilidade Civil Emergente de Acidentes de Trânsito entre os Estados-Partes do Mercosul (Protocolo de San Luis); e (e) Protocolo sobre Jurisdição Internacional em Matéria de Relações de Consumo (Protocolo de

---
[2] Há uma proposta brasileira, intitulada "Protocolo sobre Solução de Controvérsias Privadas", que elege a arbitragem como principal instrumento nesse campo. Esse anteprojeto foi apresentado pela advogada Selma M. Ferreira Lemes ao Ministério das Relações Exteriores no mês de outubro de 1996. Não foi ele ainda analisado pelo CMC.

Santa Maria). É a eles que serão dedicadas as linhas seguintes, destacando seus principais aspectos. Necessário ressaltar, com relação a esses Protocolos, que até esta data não entraram ainda em vigência os Protocolo de Medidas Cautelares, por não ter sido promulgado por Decreto Presidencial, embora já aprovado por Decreto Legislativo, e os Protocolos de San Luis e Santa Maria, ainda não aprovados pelo Parlamento. Já os Protocolos de Las Leñas e de Buenos Aires foram promulgados no final de 1996.

4.1. Protocolo de Buenos Aires

O Protocolo de Buenos Aires possui por objetivo principal a fixação, entre os Estados que compõem o Mercosul, de regras comuns sobre jurisdição internacional em matéria contratual, visando, dessa forma, a auxiliar no desenvolvimento das relações econômicas entre os respectivos setores privados. Seu campo de incidência é a jurisdição contenciosa internacional atinente aos contratos cíveis e comerciais celebrados entre particulares, incluídos nesse conceito tanto as pessoas físicas quanto as jurídicas (art. 1º). Nesse sentido, sempre que o órgão jurisdicional de um Estado-Parte considere-se competente, tendo por base o estabelecido nesse Protocolo, satisfeito estará o requisito processual da jurisdição internacional (art. 3º).

A definição da jurisdição poderá ocorrer por eleição e, na sua ausência, por opção do autor. No que se refere à eleição de jurisdição, deverá ela ser realizada através de acordo escrito entre as partes em conflito (art. 4º). Prevê, também, o Protocolo, a possibilidade de prorrogação da jurisdição, quando proposta a ação em um Estado-Parte, o demandado, voluntariamente, de forma expressa ou tácita, a admita (art. 6º).

No que se refere à possibilidade de escolha do autor, denominada, no Protocolo, de jurisdição subsidiária, e que ocorrerá na ausência de acordo entre as partes, pode ele optar por propor a ação (art. 7º): (a) no lugar de cumprimento do contrato; (b) no domicílio do demandado; ou (c) no seu próprio domicílio ou sede social, quando comprovar que cumpriu a sua parte na obrigação. Complementarmente, o texto legal esclarece que as pessoas jurídicas, quando celebrarem contratos em outro Estado-Parte que não o da sua sede, podem nele ser demandas (art. 11), bem como destaca que, sendo vários os demandados, a ação poderá ser proposta no domicílio de qualquer um deles (art. 12). O Protocolo também estabelece regras básicas de fixação do lugar do de cumprimento do contrato (art. 8º) e do domicílio (art. 9º), para fins de aplicação de suas normas.

Importante disposição está contida no artigo 4º, item 2, desse Protocolo, ao permitir, expressamente, a possibilidade de as partes optarem pela arbitragem, com o seguinte texto: "Pode-se acordar, igualmente, a eleição de tribunais arbitrais". No entanto, não conta, ainda, o Mercosul, com uma legislação própria no que se refere à arbitragem privada. Há, entretanto, como texto comum aos Estados que o compõem, a Convenção Interamericana sobre Arbitragem Comercial[3].

4.2. Protocolo de Las Leñas

Busca o Protocolo de Las Leñas permitir a adequada implementação da cooperação e assistência jurisdicional[4] entre os Estados-Partes do Mercosul, em matéria

---

[3] CONVENÇÃO Interamericana sobre Arbitragem Comercial Internacional. Panamá: 30 jan. 1975. Aprovada, no Brasil, pelo Decreto Legislativo nº 90, de 06 jun. 1995 e promulgada pelo Decreto nº 1.902, de 09 de maio de 1996 (DOU de 10 maio 1996, s. I, pp. 8.012-3).

[4] Também trata de cooperação jurisdicional, mas em matéria criminal, o Protocolo de Assistência Jurídica Mútua em Assuntos Penais, aprovado no

civil, comercial, trabalhista e administrativa. Adota, para cumprir esse desiderato, a figura da autoridade central, órgão encarregado de receber e dar andamento aos pedidos de cooperação e assistência (art. 2º). Estabelece a igualdade de tratamento processual entre os cidadãos e os residentes nos diversos Estados-Partes, assegurando-lhes, em todos eles, o livre acesso à jurisdição para a defesa de seus direitos e interesses (art. 3º). Proíbe, outrossim, a cobrança de qualquer valor (caução, depósito, etc.), para o exercício desse acesso, quando definido em razão da qualidade de cidadão ou residente em outro Estado-Parte (art. 4º). Essas garantias são estendidas também às pessoas jurídicas.

A cooperação jurisdicional é prevista no Protocolo, com quatro objetivos diferenciados: (a) realizar diligências de simples trâmite (citações, intimações, etc.); (b) receber ou obter provas; (c) reconhecer e executar sentenças e laudos arbitrais; e (d) informar o direito.

Quando o objetivo for realizar diligências de simples trâmite ou receber ou obter provas, o que se realizará através de carta rogatória, deverá ela ser cumprida de ofício pela autoridade jurisdicional competente do Estado requerido, somente podendo ser denegada quando a medida solicitada atente contra os princípios de ordem pública (art. 8º, 1ª parte). Esse cumprimento de ofício dispensa, inclusive, a intervenção da parte solicitante (art. 17). Salienta também, o Protocolo, que ela deve ser cumprida sem demora (art. 12). O seu cumprimento não implica, entretanto, o reconhecimento da jurisdição internacional do juiz requerido (art. 8º, 2ª parte).

Tratando-se de carta rogatória destinada ao reconhecimento ou execução de sentença ou laudo arbitral, que também tramitará por intermédio da autoridade central, o que se tem a destacar é que a competência dos

---

âmbito do Mercosul pela Decisão nº 02/96 do CMC. Como o tema desse Protocolo não se enquadra na opção metodológica adotada para a construção deste artigo, não será ele aqui analisado.

respectivos órgãos jurisdicionais, assim como o procedimento específico serão regidos pela lei do Estado requerido (art. 24).

No que se refere à informação do direito estrangeiro, ela ocorrerá a título de cooperação judicial, sem despesa alguma, desde que não contrarie disposições de ordem pública (art. 28), podendo também ser prestada por intermédio das autoridades diplomáticas ou consulares (art. 29). Destaque-se, outrossim, que a informação e o seu recebimento não implicam obrigação de sua aplicação para qualquer dos Estados-Partes (art. 30).

4.3. Protocolo de Medidas Cautelares

O Protocolo de Medidas Cautelares tem por objeto, segundo o texto de seu artigo 1º, "regulamentar entre os Estados-Partes do Tratado de Assunção, o cumprimento de medidas cautelares destinadas a impedir a irreparabilidade de um dano em relação às pessoas, bens e obrigações de dar, e fazer ou de não fazer". Essa tutela poder ser solicitada, em processos de conhecimento e de execução, em matéria civil, comercial e trabalhista (art. 2º), podendo ser preparatória, incidental ou garantidora da execução de uma sentença (art. 3º). Destaque-se que o cumprimento da medida cautelar não impõe o reconhecimento ou a execução da sentença definitiva (art. 10).

As medidas cautelares serão sempre solicitadas através de carta rogatória (art. 18), que pode ser transmitida por via diplomática ou consular, pelas próprias partes ou através da autoridade central (art. 19). Ao lado disso, contém o artigo 19 duas disposições que visam a acelerar a sua tramitação: (a) que "os juízes ou Tribunais das zonas fronteiriças dos Estados-Partes poderão transmitir-se, de forma direta, os 'exhortos' ou cartas rogatórias previstos neste Protocolo, sem necessidade de legalização", e (b) que "não será aplicado no cumprimento das medidas cautelares o procedimento homologatório das sentenças estrangeiras". São eles, entretanto, de duvidosa aplicabilidade pelo Brasil, tendo em vista a disposição constitucional vigente sobre a matéria (art. 102, I, *h*).

O cumprimento das medidas cautelares proferidas por juízes de outros Estados-Partes do Mercosul, dentro de sua jurisdição internacional, deve ser realizado de acordo com a lei do lugar onde estiverem os bens ou residam as pessoas a que se apliquem (art. 4º). Estabelece o Protocolo que a admissibilidade da medida cautelar é regulada pela lei e julgada pelo Poder Judiciário do Estado requerente (art. 5º), sendo a sua execução e contra cautela (ou respectiva garantia) regulada pela lei e julgada pelo Poder Judiciário do Estado requerido (art. 6º).

Como todos os demais protocolos, prevê também esse a possibilidade da recusa do cumprimento de medida cautelar, quando manifestamente contrária à ordem pública (art. 17).

4.4. Protocolo de San Luis

O Protocolo sobre Responsabilidade Civil Emergente de Acidentes de Trânsito entre os Estados-Partes do Mercosul foi assinado com o objetivo de oferecer, no âmbito desse Mercado Comum, um instrumento jurídico que garanta segurança, justiça e harmonia nas decisões proferidas em processos que versem sobre essa matéria.

Esse Protocolo define a jurisdição internacionalmente competente quando houver responsabilidade civil emergente de acidentes de trânsito, ocorridos em um Estado-Parte envolvendo pessoas domiciliadas em outro, por dele terem participado ou resultarem atingidas (art. 1º).

A competência para julgar os processos civis atinentes ao objeto do Protocolo, por eleição do autor, é dos tribunais do Estado-Parte: (a) onde ocorreu o acidente; (b) do domicílio do demandado; e (c) do domicílio do demandante (art. 7º).

Além da definição da competência internacional, o Protocolo sobre matéria de Responsabilidade Civil Emergente de Acidentes de Trânsito entre os Estados-Partes do Mercosul também contém normas de Direito Internacional Privado, definindo o direito material aplicável (arts. 3º a 6º), bem como as regras básicas de fixação do lugar do domicílio, para fins de aplicação de suas normas (art. 2º).

4.5. Protocolo de Santa Maria

O Protocolo sobre Jurisdição Internacional em Matéria de Relações de Consumo possui como pressuposto a necessidade de proteger os consumidores dos quatro Estados-Partes, através da adoção de regras comuns nessa matéria. Abrange as relações de consumo derivadas de contratos entre fornecedores de bens móveis ou prestadores de serviços e consumidores ou usuários, excluídas aquelas decorrentes de contratos de transportes (art. 1º), quando fornecedor e consumidor vinculados no contrato sejam domiciliados em diferentes Estados-Partes, ou quando residentes no mesmo, a prestação da relação de consumo tenha ocorrido em outro Estado-Parte (art. 2º). Define também o que se considera domicílio para fins de sua aplicação (art. 3º), bem como que, para efeitos do Protocolo, as leis processuais aplicáveis serão as do lugar do processo (art. 10).

Relativamente à eficácia extraterritorial das sentenças, define o Protocolo que o pedido de reconhecimento ou execução da sentença proferida por juízo com jurisdição fixada na forma nele estipulada será transmitida por carta rogatória, via autoridade central (art. 11). Estabelece também que o requisito da jurisdição internacional para fins dessa eficácia[5] será considerado satisfeito sempre que a decisão emanar de órgão com jurisdição internacional fixada de acordo com as regras nele estipuladas (art. 12).

No que se refere especificamente à jurisdição internacional, estabelece como juízo competente o do domicilio do consumidor, tanto nas demandas em que for autor, como naquelas em for réu (art. 4º). Fixa também soluções alternativas, de caráter excepcional, por vontade exclusiva do consumidor (art. 5º): (a) o Estado de celebração do contrato; (b) o Estado de cumprimento da prestação de serviço ou da entrega dos bens; e (c) o Estado de domicílio do demandado. Estabelece, outrossim, que havendo pluralidade de demandados, terá jurisdição o Estado-Parte do domicílio de qualquer um deles (art. 7º), e que possuindo o demandado mais de uma unidade ou representação, pode o consumidor optar por demandá-lo na de seu domicílio principal ou na da unidade ou representação que realizou as operações que geraram o conflito (art. 6º). A jurisdição para decidir da reconvenção será do juízo com competência sobre a demanda principal (art. 8º).

Relativamente aos atos processuais praticados à distância, dispõe o Protocolo, em seu artigo 9º: (a) poderá o fornecedor, desde que permitido pela legislação do Estado-Parte do juízo competente, contestar e praticar os demais atos de defesa e recurso perante o juízo do seu próprio domicílio, o qual remeterá a documentação ao foro atuante; (b) a possibilidade descrita na letra anterior não se aplica se o fornecedor demandado possuir uma unidade ou qualquer espécie de representação no Estado-Parte do juízo competente; (c) a comunicação entre os órgãos jurisdicionais será realiza-

---
[5] Conforme definido no artigo 20, alínea *c*, do Protocolo de Las Leñas.

da através das autoridades centrais; (d) a comunicação deverá conter as informações necessárias relativas ao direito aplicável às relações de consumo no Estado-Parte no qual tramita o processo, bem como sobre o seu direito processual; e (e) a faculdade assegurada ao fornecedor, de se defender perante o juízo do seu próprio domicílio, quando autorizado pela lei do Estado-Parte do juízo competente, não modifica as leis processuais a serem aplicadas e nem a jurisdição internacional do Estado-Parte que a detenha.

Aspecto a ser destacado é o que consta do seu artigo 18: "A tramitação da aprovação do presente Protocolo no âmbito de cada um dos Estados-Partes, com as adequações que forem necessárias somente terá início após a aprovação do 'Regulamento Comum Mercosul de Defesa do Consumidor' em sua totalidade, inclusive eventuais anexos, pelo Conselho do Mercado Comum." Como isso ainda não ocorreu, o Protocolo aqui descrito não passa de uma vaga promessa, pois, segundo o texto legal transcrito, poderá ele ainda sofrer as alterações que forem necessárias frente à aprovação do Regulamento referido.

5. As insuficiências existentes e suas possíveis soluções

A descrição efetivada do conjunto normativo vigente no Mercosul (ou em vias de sê-lo), demonstra alguns problemas fundamentais, entre os quais se pode destacar aqui:

a) a provisoriedade de parte dos instrumentos vigentes, tendo em vista que tanto o anexo III do Tratado de Assunção, como o Protocolo de Brasília e o Protocolo de Ouro Preto referem-se ao sistema adotado como provisório e vigente até que o definitivo seja implantado;

b) no que diz respeito à solução de controvérsias existentes entre Estados-Partes, embora as opções adotadas, predominantemente diplomáticas, sejam politicamente corretas na fase atual do processo de integração, percebe-se a ausência de uma instituição uniformizadora das decisões, buscando evitar soluções diferenciadas para situações idênticas ou aproximadas. Nesse sentido, a própria opção pela arbitragem, como instrumento de solução dos conflitos, em última instância, corretíssima de uma perspectiva política, principalmente considerando-se a visão de soberania vigente entre os países latinoamericanos, apenas reforça essa carência. O modelo adotado não permite garantir a existência de harmonia entre as decisões proferidas, quer tenham origem na CCM ou na GMC, quer nos diferentes tribunais arbitrais, mesmo em situações iguais ou semelhantes;

c) especificamente, no que tange à solução de conflitos entre particulares e Estados-Partes, coloca-se uma das grandes lacunas apresentadas pelo conjunto normativo aqui descrito. Ao não estabelecer mecanismos pelos quais possam os particulares, pessoas físicas e jurídicas, buscar, diretamente, a solução de seus problemas, deixa o Mercosul a descoberto exatamente aqueles de quem mais depende para a plena realização do projeto de Mercado Comum. Seu futuro está vinculado, fundamentalmente, à confiabilidade que possua por parte da sociedade, em especial as classes empresariais. Colocá-las, para a solução de controvérsias com outros Estados, que não aquele em que estão sediadas, sempre na dependência da existência de vontade do seu próprio país no sentido de defendê-las, é um entrave sério, pois lhes resta apenas a possibilidade de buscar a solução através do acionamento do Poder Judiciário do próprio Estado demandado;

d) referentemente aos conflitos entre particulares pertencentes a diferentes Estados-Partes, área na qual há a menor produção legislativa, também ocorrem problemas. A opção por atribuir aos Poderes Judiciários dos Estados-Partes, a partir de critérios definidos de fixação da jurisdição internacional, a competência para solucionar as controvérsias existentes, é adequada. Carece ela, entretanto, de um instrumento efetivo de uniformização das decisões, sob pena de terem, em situações idênticas ou assemelhadas, decisões díspares, tendo em vista a posição adotada pela jurisprudência de cada Estado. É necessário, de outro lado, incentivar a utilização da arbitragem, para o que se torna necessária a edição de protocolo específico sobre a matéria, buscando definir claramente as regras para a sua adoção. Outrossim, parece precária a opção adotada, em matéria de cooperação judicial, que utiliza a carta rogatória, em sua configuração clássica, como instrumento único, inclusive em matéria cautelar e para homologação de laudo arbitral ou sentença. Essa crítica é pertinente, ao menos no Brasil, devido à burocrática tramitação pela qual deve a mesma passar até a realização do seu objetivo. Nesse sentido, frente ao disposto no artigo 102, inciso I, alínea *h* da Constituição Federal (competência originária do STF para processar e julgar: "a homologação das sentenças estrangeiras e a concessão do exequatur às cartas rogatórias, que podem ser conferidas pelo regimento interno a seu Presidente"), os avanços trazidos em matéria do cumprimento de medidas cautelares (transmissão direta das cartas nas zonas fronteiriças e dispensa do procedimento homologatório das medidas cautelares estrangeiras) não terão aplicabilidade, a não ser que se modifique a interpretação que vem sendo dada ao texto da lei maior. Também é de se destacar que a fixação de competência internacional, na forma definida para a solução das controvérsias entre particulares pelo Protocolo de Buenos Aires, restringe-se às questões civis e comerciais, excluindo, expressamente (art. 2º), as questões relativas à falência e concordata, direito de família e sucessões, contratos de seguridade social, contratos administrativos, contratos de trabalho, contratos de venda ao consumidor, contratos de transportes, contratos de seguros e direito reais. As questões relativas ao consumidor já estão, neste momento, merecendo estudos e propostas específicas, como as contidas no Protocolo de Santa Maria.

Apresentadas aquelas que se entende serem as principais insuficiências, busca-se agora apontar as soluções possíveis (?) para superá-las, ou ao menos minimizá-las. Nesse sentido:

a) há a necessidade, a curto prazo, da criação de um Tribunal do Mercosul, com competência para se manifestar em matéria de validade, vigência, interpretação e aplicação do conjunto normativo pertencente ao Mercado Comum. Esse Tribunal teria a função específica de uniformizar a aplicação do Direito da Cooperação, devendo, para tanto, suas decisões possuírem efeito vinculante em relação aos Poderes Judiciários e às administrações dos Estados-Partes. Não precisaria ser ele, em um primeiro momento, um órgão com sede e quadros próprios, tendo em vista o custo que isso importaria e a quase absoluta inexistência, hoje, de demandas específicas. Numa primeira fase, poderia ser constituído por um colegiado formado por juízes indicados pelas Cortes Supremas de todos os Estados-Partes, entre seus próprios membros, com mandato fixo. Esse Tribunal reunir-se-ia periodicamente, alternando-se entre seus membros a presidência, bem como o Estado-sede, em sistema de rodízio;

b) atribuir-se-ia a esse Tribunal também o poder para resolver, em última instância, as controvérsias entres Estados-Partes e entre particulares e Estados-Partes, sempre que, esgotados os meios previstos no Protocolo de Brasília, a decisão proferida fosse divergente de outras ocorridas em casos iguais ou aproximados; da mesma forma, quando a controvérsia for entre particulares pertencentes a diferentes Estados-Partes. Em todos esses casos, cumpriria o Tribunal o papel de uniformizador da jurisprudência do Mercosul;

c) no que diz respeito à arbitragem comercial no seio do Mercado Comum, já existem propostas concretas, inclusive apresentadas pela própria comunidade jurídica brasileira, conforme referido anteriormente. No entanto, independentemente dessa regulamentação, a opção pela arbitragem já pode ser utilizada, principalmente tendo em vista a existência de uma norma comum a todos os Estados-Partes do Mercosul, a Convenção Interamericana de Arbitragem Comercial. É necessário, entretanto, estabelecer regras mais precisas e que permitam maior celeridade no que tange à execução dos laudos arbitrais, principalmente dispensando ou facilitando a sua homologação; e

d) finalmente, impõe-se uma reforma constitucional em todos os Estados-Partes do Mercosul, buscando, principalmente, retirar dos textos das cartas políticas desses países os empecilhos existentes à celeridade na distribuição na justiça, tal como ocorre no Brasil, onde todas as sentenças estrangeiras dependem da homologação do STF e todas as cartas rogatórias da concessão do *exequatur* por parte desse mesmo órgão do Poder Judiciário. Na verdade, também as soluções apontadas nos itens anteriores pressupõem uma reforma das constituições, pois sem ela não será possível implementar praticamente nenhuma das sugestões aqui propostas.

6. Considerações finais

Acredita-se ter conseguido, de forma sucinta, atingir o objetivo inicial deste texto, ou seja, o de propiciar uma visão mais descritiva do que prescritiva do conjunto normativo vinculado, direta ou indiretamente, à questão da solução de controvérsias no Mercosul. Neste momento, parece haver mais incertezas do que propriamente insuficiências, tendo em vista a quase absoluta inexistência de controvérsias já solucionadas ou em fase de solução. No entanto, faz-se necessário o estudo dessas questões e a busca de alternativas para o futuro. Não se pode esperar que os problemas ocorram para que se procurem as soluções. É necessário pensar e instrumentalizar, preventivamente, as opções possíveis e adequadas. A construção do Mercosul está ocorrendo, em alguns aspectos, de forma mais rápida do que a aparência leva a crer, o que faz com que se constitua em uma realidade praticamente irreversível. Nesse sentido, espera-se que este pequeno artigo contribua, não para a solução dos problemas, pois esse não foi o seu objetivo, mas para a divulgação e socialização do conhecimento, pressuposto fundamental para a efetiva participação de todos.

Bibliografia

ABREU, Alcides. *A Magistratura no Mercosul*. Florianópolis: Obra Jurídica, 1996.

ACCIOLY, Hildebrando. *Manual de Direito Internacional Público*. São Paulo: Saraiva, 1991.

ACCIOLY, Hildebrando & SILVA, Geraldo Eulálio do Nascimento e. *Manual de Direito Internacional Público*. São Paulo: Saraiva, 1996.

ARAUJO, Nadia de; SALLES, Carlos Alberto de & ALMEIDA, Ricardo R. Cooperação interjurisdicional no Mercosul. *In*: BASSO, Maristela (org.). *Mercosul: seus efeitos jurídicos, econômicos e políticos nos Estados-Membros*. Porto Alegre: Liv. do Advogado Editora, 1995. pp. 339-69.

BAPTISTA, Luiz Olavo. Observações práticas sobre a homologação de sentenças e de laudos arbitrais estrangeiros no Brasil. *Revista Forense*, Rio de Janeiro: Forense, v. 276, pp. 311-7, out./dez. 1977.

——. Exceção à aplicação do direito estrangeiro. *Vox Legis*, v. 19, nº. 217, p. 18, jan. 1987.

——. Competência Internacional. *In*: FRANÇA, Limongi (coord.). *Enciclopédia Saraiva de Direito*. São Paulo: Saraiva, 1987. v. 16, pp. 369-83.

——. O impacto do Mercosul sobre o sistema legislativo brasileiro. *Revista dos Tribunais*, São Paulo: Rev. Tribunais, v. 690, pp. 39-46, ago. 1991.

——. Solução de divergências no Mercosul. *Revista de Informação Legislativa*, Brasília, Senado Federal, a. 31, nº. 124, pp. 155-67, out./dez. 1994.

——. O impacto do Mercosul sobre o sistema legislativo brasileiro. *In*: BAPTISTA, Luiz Olavo; MERCADANTE, Aramiranta de Azevedo & CASELLA, Paulo Borba (org.). *Mercosul: das negociações à implantação*. São Paulo: LTr, 1994. pp. 11-25.

——. Solução de divergências no Mercosul. *In:* BASSO, Maristela (org.). *Mercosul: seus efeitos jurídicos, econômicos e políticos nos Estados-Membros.* Porto Alegre: Liv. do Advogado Editora, 1995. pp. 91-115.

—— & MAGALHÃES, José Carlos de. *Arbitragem comercial.* Rio de Janeiro: Freitas Bastos, 1986.

BARBOSA MOREIRA, José Carlos. Problemas e soluções em matéria de reconhecimento e execução de sentenças e laudos arbitrais estrangeiros. *In:* ——. *Temas de Direito Processual - quarta série.* São Paulo: Saraiva, 1989. pp. 243-90.

——. Problemas relativos a litígios internacionais. *In:* ——. *Temas de Direito Processual - quinta série.* São Paulo: Saraiva: 1994. pp. 139-62.

BASSO, Maristela. Solução de controvérsias no Mercosul: reflexões sobre um sistema permanente. *Estudos Jurídicos*, São Leopoldo, UNISINOS, v. 28, n° 72, pp. 25-33, jan./abr. 1995.

BERGMAN, Eduardo Tellechea. Protocolo de Cooperação e Assistência Jurisdicional em Matéria Civil, Comercial, Trabalhista e Administrativa entre os Estados-Membros do Mercosul. *In:* MARQUES, Claúdio Lima (coord.). *Estudos sobre a proteção do consumidor no Brasil e no Mercosul.* Porto Alegre: Liv. do Advogado Editora, 1994. pp. 214-48.

——. Un marco jurídico al servicio de la integración: las regulaciones del Mercosur sobre jurisdición internacional. *In:* CASELLA, Paulo Borba (coord.). *Contratos internacionais e Direito Econômico no Mercosul.* São Paulo: LTr, 1996. pp. 48-74.

BERRETA, Alberto Brause. Mercosur y Judiciário. Aspectos financeiros: libre movimiento de capitales. *Ajuris*, Porto Alegre, Ajuris, a. 22, n° 63, pp. 161-5, mar. 1995.

BORGES, José Alfredo. Mercosul: normas de implantação. Força vinculante. *Revista do Tribunais*, São Paulo: Rev. dos Tribunais, a. 84, n°. 721, pp. 39-48, nov. 1995.

BOUCAULT, Carlos Eduardo de Abreu. *Direitos adquiridos no Direito Internacional Privado.* Porto Alegre: S. Fabris, 1996.

CALIXTO, Negi. *Ordem Pública. Exceção à eficácia do direito estrangeiro.* Curitiba: UFPR, 1987.

——. Contratos internacionais e ordem pública. *Revista dos Tribunais*, São Paulo: Rev. dos Tribunais, a. 82, n° 701, pp. 45-9, mar. 1994.

——. O processo cautelar no Direito Internacional Privado. *Revista de Informação Legislativa*, Brasília, Senado Federal, a. 31, n° 124, pp. 191-5, out./dez. 1994.

CASELLA, Paulo Borba. Arbitragem internacional e boa-fé das partes contratantes. *Revista dos Tribunais*, São Paulo: Rev. dos Tribunais, a. 80, n°. 668, pp. 239-41, jun. 1990.

──. *Comunidade Européia e seu ordenamento jurídico*. São Paulo: LTr, 1994.

──. O advogado brasileiro e o desafio da internacionalização na prestação de serviços. *In*: BAPTISTA, Luiz Olavo; HUCK, Hermes Marcelo & CASELLA, Paulo Borba (coord). *Direito e comércio internacional: tendências e perspectivas*. São Paulo: LTr, 1994. pp. 99-112.

──. *Mercosul: exigências e perspectivas*. São Paulo: LTr, 1996.

CASTRO, Amilcar de. *Direito Internacional Privado*. Rio de Janeiro: Forense, 1995.

CELLI JR., Umberto. Direito de concorrência no Mercosul. *In*: CASELLA, Paulo Borba (coord.). *Contratos internacionais e Direito Econômico no Mercosul*. São Paulo: LTr, 1996. pp. 106-23.

CORRÊA, Antonio. *Mercosul: soluções de conflitos pelos juízes brasileiros*. Porto Alegre: S. Fabris, 1997.

COSTA, José Augusto Fontoura. Aplicabilidade direta do direito supranacional. *In*: CASELLA, Paulo Borba (coord.). *Contratos internacionais e Direito Econômico no Mercosul*. São Paulo: LTr, 1996. pp. 141-62.

DELIBAÇÃO. *Enciclopédia Saraiva do Direito*. São Paulo: Saraiva, 1978. v. 24, p. 141.

DINIZ, Maria Helena. *Lei de Introdução ao Código Civil Brasileiro interpretada*. São Paulo: Saraiva, 1994.

DOLLINGER, Jacob. A imunidade jurisdicional dos Estados. *Revista Forense*, Rio de Janeiro: Forense, v. 277.

──. *Direito Internacional Privado (parte geral)*. Rio de Janeiro: Renovar, 1996.

FARIA, Werter R. *Harmonização legislativa no Mercosul*. Brasília: Senado Federal, Assoc. Bras. de Estudos da Integração; 1995. (Estudos da Integração, 8º v.).

FERREIRA, Aldo Leão. *Mercosul: comentários sobre o Tratado de Assunção e o Protocolo de Brasília*. Porto Alegre: Liv. do Advogado Editora, 1994.

FIGUEIRAS, Marcos Simão. Solução de controvérsias no Mercosul. *In*: ──. *Mercosul no contexto latino-americano*. São Paulo: Atlas, 1996. pp. 53-60.

FIUZA, Cézar. *Teoria geral da arbitragem*. Belo Horizonte: Del Rey, 1995.

FLORÊNCIO, Sérgio Abreu e Lima & ARAÚJO, Ernesto Henrique Fraga. *Mercosul hoje*. São Paulo: Alfa-Omega, 1996.

FORTE, Umberto. *União européia. Comunidade Econômica Européia*. São Paulo: Malheiros, 1994.

FURTADO, Paulo. *Globalização e Mercosul: como preparar o bacharel*. Aracaju, dez. 1996. (Trabalho apresentado durante o XXIV Congresso Brasileiro de Faculdades de Direito, realizado em Aracaju, de 1º a 4 dez. 1996.).

GARCEZ, José Maria Rossani. Contratos internacionais - solução de conflitos. *Repertório IOB de Jurisprudência*, nºs. 23/92, pp. 516-21, 1ª quinzena dez. 1992.

GARRO, Alejandro M. Armonización y unificación del derecho privado en América Latina: esfuerzos, tendencias y realidades. *In*: BAPTISTA, Luiz Olavo; HUCK, Hermes Marcelo & CASELLA, Paulo Borba (coord). *Direito e comércio internacional: tendências e perspectivas*. São Paulo: LTr, 1994. pp. 507-59.

GOULENE, Alain. Supranacionalidade da justiça: efetividade da integração econômica regional e proteção dos direitos subjetivos. *In*: CASELLA, Paulo Borba (coord.). *Contratos internacionais e Direito Econômico no Mercosul*. São Paulo: LTr, 1996. pp. 308-47.

GREBLER, Eduardo. A solução de controvérsias no Tratado do Mercosul. *In*: CASELLA, Paulo Borba (coord.). *Contratos internacionais e Direito Econômico no Mercosul*. São Paulo: LTr, 1996. pp. 348-362.

HAPNER, Carlos Eduardo Manfredini. Exercício na profissão de advogado no Mercosul. *In*: BASSO, Maristela (org.). *Mercosul: seus efeitos jurídicos, econômicos e políticos nos Estados-Membros*. Porto Alegre: Liv. do Advogado Editora, 1995. pp. 389-97.

HUCK, Hermes Marcelo & SILVA FILHO, Antonio Carlos Monteiro. A citação por carta rogatória. *In*: BAPTISTA, Luiz Olavo; HUCK, Hermes Marcelo & CASELLA, Paulo Borba (coord). *Direito e comércio internacional: tendências e perspectivas*. São Paulo: LTr, 1994. pp. 146-60.

LEMES, Selma M. Ferreira. Mercosul e a arbitragem comercial. *Folha de São Paulo*, 9 mar. 1996. c. 2, p. 2.

MARTINS, Adriano Kalfelz. Medidas cautelares no Mercosul. *In*: BASSO, Maristela (org.). *Mercosul: seus efeitos jurídicos, econômicos e políticos nos Estados-Membros*. Porto Alegre: Liv. do Advogado Editora, 1995. pp. 370-85.

MEDEIROS, Antônio Paulo Cachapuz de. *O poder de celebrar tratados*. Porto Alegre: S. Fabris, 1995.

MELLO, Celso D. de Albuquerque. *Direito Internacional Público*. Rio de Janeiro: Renovar, 1994. 2. v.

———. *Direito Internacional da Integração*. Rio de Janeiro: Renovar, 1996.

MERCADANTE, Aramiranta de Azevedo. A processualística dos atos internacionais: Constituição de 1988 e Mercosul. *In*: CASELLA, Paulo Borba (coord.). *Contratos internacionais e Direito Econômico no Mercosul*. São Paulo: LTr, 1996. pp. 458-505.

MORELLI, Gaetano. *Derecho Procesal Civil Internacional Privado*. Buenos Aires: EJEA, 1953.

NALINI, José Renato. *Globalização e Mercosul: como preparar o bacharel*. Aracaju, dez. 1996. (Trabalho apresentado durante o XXIV Congresso Brasileiro de Faculdades de Direito, realizado em Aracaju, de 1º a 4 dez. 1996.).

NICOLSON, Harold. *La diplomacia*. México: Fondo de Cultura Económica, 1975.

PABST, Haroldo. *Mercosul: Direito da Integração*. São Paulo: Forense, 1997.

PEREIRA, Caio Mário da Silva. *Instituições de Direito Civil*. Rio de Janeiro: Forense, 1994. v. 1.

RANGEL, Vicente Marotta. Solução de controvérsias após Ouro Preto. *In*: CASELLA, Paulo Borba (coord.). *Contratos internacionais e Direito Econômico no Mercosul*. São Paulo: LTr, 1996. pp. 692-701.

RECHSTEINER, Beat Walter. *Direito Internacional Privado*. São Paulo: Saraiva, 1996.

REZEK, José Francisco. *Direito Internacional Público. Curso elementar*. São Paulo: Saraiva, 1994.

ROCHA, Osíris. *Curso de Direito Internacional Privado*. São Paulo: Saraiva, 1975.

RODRIGUES, Horácio Wanderlei. Solução de controvérsias no Mercosul: realidade e principais insuficiências. *Genêsis - Revista Brasileira de Processo Civil*, Curitiba, Gênesis, nº. 3, dez. 1996.

SABBATO, Luiz Roberto. O Tribunal de Luxemburgo. A formação do Mercosul. Os tribunais arbitrais. A jurisdição européia. Da competência dos juízes supranacionais. Do processo supranacional. *Revista dos Tribunais*, São Paulo: Rev. dos Tribunais, nº 717, jul. 1995.

SALLES, Carlos Alberto de. A cooperação interjurisdicional no Mercosul. *In*: CASELLA, Paulo Borba (coord.). *Contratos internacionais e Direito Econômico no Mercosul*. São Paulo: LTr, 1996. pp. 721-37.

SAMTLEBEN, Jürgen. Procedimento arbitral no Brasil - o caso "Lloyd Brasileiro contra Ivarans Rederi" do Superior Tribunal de Justiça. *Revista dos Tribunais*, São Paulo: Rev. dos Tribunais, a. 83, nº 704, pp. 276-81, jun. 1994.

SOARES, Guido Fernando Silva. *Das imunidades de jurisdição e de execução*. Rio de Janeiro: Forense, 1984.

——. As instituições do Mercosul e as soluções de litígios no seu âmbito - sugestões *de lege ferenda*. *In*: BAPTISTA, Luiz Olavo *et al*. *Mercosul: das negociações à implantação*. São Paulo: LTr, 1994. pp. 262-319.

——. A competência internacional do Judiciário brasileiro e a questão da autonomia da vontade das partes. *In*: BAPTISTA, Luiz Olavo; HUCK, Hermes Marcelo & CASELLA, Paulo Borba (coord). *Direito e comércio internacional: tendências e perspectivas*. São Paulo: LTr, 1994. pp. 283-305.

SEITENFUS, Ricardo Antônio Silva. A integração latino-americana em uma perspectiva multidisciplinar. *In*: VENTURA, Deisy de Freitas Lima (org.). *O Mercosul em movimento*. Porto Alegre: Liv. do Advogado Editora, 1995. pp. 7-14.

STRENGER, Irineu. Aplicação de normas de ordem pública nos laudos arbitrais. *Revista dos Tribunais*, São Paulo: Rev. dos Tribunais, a. 75, nº 606, pp. 9-12, abr. 1986.

——. Cláusulas de jurisdição. *In*: ——. *Contratos internacionais do comércio*. São Paulo: Rev. dos Tribunais, 1992. pp. 254-60.

——. *Direito Internacional Privado*. São Paulo: LTr, 1996. (São Paulo: Rev. dos Tribunais, 1991).

TAMAGNO, Maristela Basso. *Aplicação do direito estrangeiro pelo juiz nacional*. São Paulo: Saraiva, 1988.

VENTURA, Deisy de Freitas Lima. *A ordem jurídica do Mercosul*. Porto Alegre: Liv. do Advogado Editora, 1996.

——. A eficácia das regras jurídicas no Mercosul. *Expressão Jurídica*, Santo Ângelo: Espaço, a. 1, nº 4, pp. 2-4, 3. trim. 1996.

WAMBIER, Luiz Rodrigues. A arbitragem Internacional e o Mercosul. *Jurisprudência Brasileira*, Curitiba: Juruá, nº 171, pp. 49-58, 1994.

YAWNY, Viviana & BENTOLILA, Juan José. *El ejercicio de la profesión de la abogacia en los paises del Mercosur*. Buenos Aires: jun. 1996. (Trabalho apresentado durante o V Encuentro Internacional de Derecho de América del Sur, realizado em Buenos Aires, de 6 a 8 jun. 1996).

Impresso com filme fornecido pelo cliente por:

Gráfica   Editora

FONE: (051) 472-5899
CANOAS - RS
1997